세력주의 신 100법칙

SHITEKABU NO ONI 100 SOKU
©KATSUTOSHI ISHII 2020

Originally published in Japan in 2020 by ASUKA PUBLISHING INC.,TOKYO.
translation rights arranged with ASUKA PUBLISHING INC.,TOKYO
through TOHAN CORPORATION, TOKYO and EntersKorea Co., Ltd., SEOUL.

———

수익 올리는 묘미
싸운다면 반드시 이긴다!

세력주의
신(神)
株神
100법칙

이사이 카츠토시 지음 정춘호 옮김

세력주는 무섭다 고는 하지만 습성만 잘 알면 의외로 손대기 쉬운 법

세력주 특징은 하이리스크 하이리턴이다!

주가는 언제나 새로운 것을 좋아한다

위험이 큰 만큼 보상도 크다

텐배거를 노리는 묘미!

지상사 Jisangsa

들어가며

요즘 주식거래를 새롭게 시작하는 개인투자자가 많이 보인다.

성장을 멈춘 지금 경제와 코로나19 국면 아래에서의 어려운 가계 상황을 다시 살리고 싶어서일까?

재택근무를 하므로 근무 시간 중에도 증권회사 사이트를 망설임 없이 볼 수 있기 때문일까?

이유는 여러 가지겠지만 특히 '돈을 불리고 싶다' 그것도 '자신의 힘으로'라고 생각하는 듯하다.

이런 생각을 하고 있다면 가장 가능성이 커 보이는 것이 주식투자를 통해 고수익을 올리는 방법일 것이다.

특히 코로나 이후로 주목받는 DX(Digital Transformation, 디지털 전환)와 규제개혁, 환경대책 관련 종목은 주가가 상승하고 있는 데다 변동 폭이 두드려져서 '10배 주'(텐배거)도 꿈같은 이야기만은 아니다.

이런 상황에서 주목받는 것이 시의적절한 관련 종목의 '세력주'이다.

이런 종목의 움직임은 엄청나서 잘만 맞아떨어지면 순식간에 자산이 늘어난다.

억 단위의 돈을 손에 넣는 것도 상상 속의 이야기가 아니다.

다만 주식투자, 세력주의 특징은 '하이리스크 하이리턴'이다.

이 사실을 명심하지 않으면 오히려 자산이 줄어들 수 있다.

그래서야 아무 의미가 없을 것이다.

이 책에서는 '주가변동의 원리', '세력주의 본질', '세력에 의한 주가시세 형성의 뒷이야기' 등을 꼼꼼하게 현실적으로 해설했다. 모쪼록 세력주 투자를 선호하는 투자가에게 도움이 되었으면 좋겠다.

나는 세력 관련 종목에 연줄이 있는 집단과 잘 알고 지내서 실제로 주가를 '만드는' 현장도 엿보고는 한다.

세력주로 자산을 늘리는 것은 쉬운 일이 아니다.

그렇지만 세력주의 성립, 전략, 시세 조종, 가장매매 방법을 숙지해 두면 성공률은 높아진다.

이 책에 그에 관한 100가지 '철칙'과 실제로 수익을 한층 더 끌어 올린 '기술'을 설명했으니 부디 큰 도움이 되기를 바란다.

책값 이상의 성과를 약속한다.

저자 **이시이 카츠토시**

차례

1장
굳이 '세력주'를 노리는 이유

2장
세력주 수법의 뒷면을 보자

3장
사례를 통해 세력주 움직임 파악하기

4장
세력주와 현명하게 싸우는 방법

5장
'실전' 호가창으로 주가 움직임을 읽는다

6장
차트로 보는 작전 타이밍

7장
10배 주의
냄새를 맡아라

8장
리스크를 관리하여 이긴다

9장
세력주 데이트레이딩

10장
기관투자가와 싸우는 방법

11장
세력이 쉽게 접근하는 테마를 알 것

종장
세력주
필수 용어

1장

굳이
'세력주'를
노리는 이유

이상한 승리는 있어도 이상한 패배는 없다.
노무라 가츠야(野村克也, 1935~2020 일본 프로야구의 명감독)

이 세상에 안전이란 없다. 기회가 있을 뿐이다.
더글러스 맥아더(Douglas MacArthur)

01

전체 시세에 좌우되지 않는 가격 변동에 기회가 있다

시세가 상승 중이거나 실적이 좋으면 주가가 올라갈까?

획기적인 신약 개발.

주목받는 프로젝트 성공.

사업에 탄력을 주는 정책 발표 등과 같은 호재들.

그렇지 않다. 호재가 끝나서 주가가 내려가기도 하므로 단정할 수 없는 것이다.

이 점이 중요하다.

이렇게 단정할 수 없는 이유는 대형 종목이 주로 거액 투자자의 의향에 좌우되기 때문이다.

'다음에는 이 종목으로 가자.'

기관투자가의 방침이 정해지고 그들 사이에서 '하나의 공감대'가 형성된다.

그런 공감을 근거로 '목표 주가'를 설정하고, 주식 등급을 자신들에게 유리하게 설정하므로 나중에 매수한 개인투자자는 호구가 된다.

어떤 재료라도 생각만큼 성과가 나지 않는 것이 주식 세계의 실태다.

그래서 95%의 개인투자자가 손실을 본다고 하는 것이다.

이와 달리 '세력주'는 일부 집단이 의도적으로 움직인다.

실패하기도 하지만, 주가가 '가고 싶어 하는 방향'만 파악하면 의외로 통제하기 쉽다.

'세력주는 무섭다'라고는 하지만, 습성만 잘 알면 의외로 손대기 쉬운 법이다.

주가 동향은 국제 뉴스와 미국 대통령의 발언에도 좌우되지 않는다. 그러니 세력주야말로 혼란한 시대의 "보물 상자"를 열 수 있는 유일한 열쇠이다.

02

소형주라서
얻을 수 있는
시세 차이의 재미

이 책을 읽는 사람이라면 아마도 '1년에 20%, 30%의 수익'이 목표는 아닐 것이다. '짧은 기간에 자금을 10배로 불리고, 그걸 또 10배로 만든다.' 이런 '계획'을 가지고 투자에 임하고 있을 것이다. 큰 이익을 얻으려면 '소형주'가 안성맞춤이다.

증권거래소 1부에 있는 우량 종목은 실적이 좋으면 주가 상승을 기대할 수 있지만, 그 변화율이 완만하다. 운용하는 거액 투자자도 '따따블(4배)'을 목표로 하지는 않는다.

1년에 20% 이익이 나면 '대성공'이다.

하지만 리스크가 상당히 큰 주식시장에서 이 정도 이익으로는 재미가 없다.

주가변동은 발행주식 수, 특히 부동주(증권시장에서 투기적 이익을 얻기 위하여 빈번하게 매매되는 주식)의 수가 크게 좌우한다. 그래서 소형주를 주목해야 한다.

매매 대상인 주식 수가 적으면 약간의 재료로도 주가가 크게 뛸 수 있다.

500엔이 순식간에 2,000엔, 5,000엔이 될 가능성이 있는 것이다.

2배, 4배, 6배 그리고 10배(텐배거. ten bagger. 투자자가 10배의 수익률을 얻은 주식 종목-옮긴이).

이런 주가 상승에 올라타면 순식간에 자금이 불어난다.

단, 소형주이므로 반값으로 떨어지지 않는다는 보장도 없다.

만일 그런 일이 벌어지면 얼른 빠져나와야 한다.

그러니 대형주처럼 10%, 20%밖에 변동하지 않는 종목을 대상으로 '자산을 10배로 늘리고 싶다'라고 바라는 것은 모순이며, 처음부터 불가능에 도전하는 것과 같다.

'가능성의 가능성'을 잘 생각하길 바란다.

4477 BASE와 7203 토요타자동차

03

단기에
수익을 올리려면
변화율을 주목

'3일 연속 상한가'

이런 머리기사를 보며 마음이 흔들린 분들도 많을 것이다.

주가가 크게 뛸지 어떨지는 앞에서 언급한 대로 시가총액과 부동주 수의 영향을 크게 받는다.

물론 주가가 뛰려면 나름의 조건이 필요하다.

일반적으로는 이름도 알려지지 않은 소형주에 매수가 몰려서 주가가 뛰려면 몇 가지 근거가 필요하다.

주요한 것들을 들어보면,

- 놀랄 만큼 새로운 호재가 등장
- 사전 예상을 뒤엎는 실적 상향 수정
- 인수합병(M&A)과 관련한 뉴스

등이 있다.

큰 호재가 있다면 소형 종목의 주가는 단숨에 변할 수 있다. 매수가 몰리면 상한가도 쉽게 볼 수 있다.

특히 실적이 두드러지게 좋은 종목은 세력이 개입하기 쉬우므로, 주가가 올라갔을 때 추종해서 매수하는 투자자도 많아진다.

세력이 의도적으로 움직일 때는 '거래량', '호재'가 시선을 끈다.

소형주라서 주가가 움직이면 거래량이 증가해서 인기 주식이 된다.

그리고 매수가 매수를 불러 모아서 엄청난 가격까지 올라가는 것이다.

거래량, 시세 차이, 실적.

이 변화가 클수록 매력적인 가격 변동이 되는 것이다.

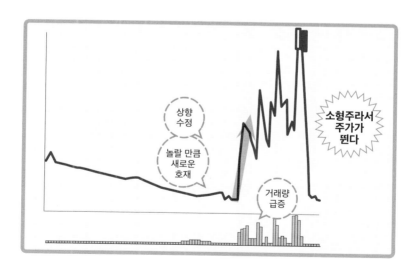

04

재료가 주가에
엄청난 영향을 주는
소형주

　실적이나 다른 호재로 인해 주가가 변동할 때, 소형주가 훨씬 극적으로 움직인다.

　대형 우량주가 100엔, 200엔 움직이는 재료라도 소형 종목은 순식간에 상한가가 된다.

　이런 변동폭이 더할 나위 없이 좋다.

　가격 변동이 클수록 추종 매수가 모여들어 뉴스거리가 된다.

　그래서 다시 주가가 올라간다.

　더할 나위 없이 좋은 연쇄작용인 것이다.

　모든 종목에 해당하는 것은 아니지만, '변동폭이 크다'는 것이 소형주의 가장 큰 매력이다.

　한 가지 재료, 한 가지 정보로도 주가가 크게 뛸 수 있기 때문이다.

　개인투자자는 이런 '경쾌한 모습'을 보고 모여든다.

　이 연쇄작용이 주가에 큰 영향을 준다.

주식투자의 가장 큰 기쁨은 '가격변동폭 효과'이다.

100주, 200주를 사도 바로 5만 엔, 10만 엔이나 되는 이익을 실현할 수 있다.

1,000주라면 100만 엔, 200만 엔이나 되는 차익을 단기간에 얻을 수 있다.

한 번 이런 경험을 하면 대형주 매매는 바보처럼 보이게 된다.

소형주는 경쾌함으로 인기를 끌고, 투자자는 소형주로 주식매매의 묘미를 맛볼 수 있다.

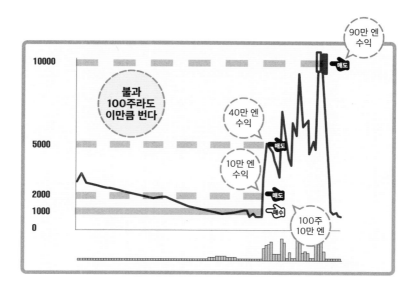

05

일반열차
또는
급행열차

주식투자에서 대형 우량주를 살지 세력과 관련 있는 소형 종목을 살지는 일반열차를 탈지 급행열차를 탈지 선택하는 것과 같다.

같은 목적지까지 간다면 급행열차가 일찍 도착하므로 도움이 된다.

다를 것 없는 풍경에 질릴 일도 없고, 엉덩이가 아플 일도 없다.

같은 가격으로 갈 수 있다면 이만큼 양심적인 것도 없다.

인생은 짧다. 고령인 필자도 시간 낭비는 하고 싶지 않다.

다만 급행은 약간 심하게 흔들릴 때가 있다. 산악 지대에서도 속도를 줄이지 않기 때문에 위험하기도 하다.

그래도 냄새를 잘 맡는 사람이라면 위험 속에서도 돈이 되는 냄새를 찾아내어 자기 것으로 만든다.

장기에서도 AI를 사용해서 '상대의 수를 간파'하는 것이 당연한 세상이 되었다.

주식투자에서도 호가창을 읽고, 차트를 읽고, 거래량을 보면서 상대의 움직임, 속셈을 간파하는 것이 중요하다.

쉽게 이길 수 있을 정도로 간단하지가 않다.

투자라는 열차가 종착역까지 예정대로 간다는 보장은 없다.

지혜를 사용하고, 머리를 사용해서 '가장 빠른 급행열차'를 타고 목표로 한 자산을 만든다.

세력주 매매는 리스크는 있지만 수익을 올리는 묘미를 맛볼 수 있는 속도감 있는 트레이딩이라 할 수 있다.

싸운다면 반드시 이겨야만 한다.

그러려면 어떤 수단이든 사용하겠다는 의욕이 중요하다.

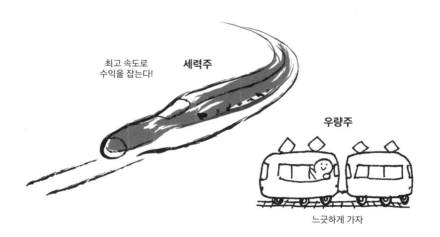

최고 속도로
수익을 잡는다!

세력주

우량주

느긋하게 가자

06

시대의 변화에 활로가 있다

내려가기만 하던 헤이세이(1988년 1월부터 2019년 4월까지의 일본 연호) 시대가 끝나고, 레이와(2019년 5월부터의 일본 연호-옮긴이) 시대가 도쿄올림픽과 함께 화려하게 시작할 것 같았다. 2020년 초까지는 그렇게 생각했었다.

근무 방식 개혁이 말로만 그치던 시절, 코로나19로 인해 극적으로 일하는 방식이 바뀌었다.

재택근무와 원격근무에 유연 근무가 더해져 한때는 도심으로 향하는 통근 전철이 텅 비기도 했다.

온라인 회의를 권장하고, 고객을 방문하지 않고 영업하는 방식이 생겨났다.

구닥다리인 관청의 도장 문화가 장관의 진심 어린 한마디로 보름 만에 변했다.

변화가 심한 시대라서 더욱 활약하는 기업이 있고, 테마가 있다.

그런 기업과 테마가 있으면 주가는 쉽게 움직인다. 그리고 주가를 움직이게 만들기도 쉽다.

당연히 그런 시류를 잘 살려 매수를 시도하므로 세력주의 주가도 움직인다.

그러면 '그럴듯한 재료'에 약한 투자가는 거기에 편승하게 된다.

더울 때 아이스크림을 먹고, 추울 때 뜨거운 라면을 먹듯이, 시류에 맞는 생활양식이 있다.

주식시장에는 그때그때 '제철인 종목'이 등장한다.

등장할 타이밍에 맞게 등장한 종목은 군중심리를 조성하고, 힘차게 큰 변화를 보여주며 주가가 상승한다.

주가가 눈에 띄게 변동하면 '뭐지, 이거'라며 구경꾼이 모여든다.

주가 폭등은 이렇게 시작되는 것이다.

실은 조용할 때 주식을 사는 편이 수익을 올릴 확률이 높지만, 눈앞에서 움직이는 종목이 인기를 끌기 때문에 그 타이밍에 맞는 재료와 내로라하는 기업의 주가가 난무하게 된다.

재료가 있어서 움직인 주가는 의외로 잘 움직인다.

그래서 소형 종목의 세력주는 돈이 된다는 심리가 작용해서 상당한 변동률을 얻을 수 있다.

07

정보를
가진 자에게
주어지는 기회

어떤 종목에 돈이 모일까?

어떤 테마가 움직일까?

주식을 유리하게 매수하려면 이런 것들을 빨리 알아차리는 것이 필수적이다.

동향을 조사해서 잘 아는 사람만이 기회를 잡을 수 있다.

재택근무, 온라인, DX(디지털 전환), 5G, 인공지능, 환경대책.

다양한 테마가 모든 투자가의 눈앞에 끝없이 넓게 펼쳐져 있다.

테마 가운데서도 주역은 계속 바뀐다.

민간이든 국책이든 어떤 움직임이 있으면 주가는 움직인다.

'움직일 조짐'을 재빨리 파악한 사람이 남들보다 먼저 종목을 매수할 수 있다.

즉 그물을 치고 초기 단계에서 정보를 파악한 사람만이 '초기에 올라탈' 기회를 잡을 수 있는 것이다.

주가가 성장할 때는 상승 초기에 올라타면 단가가 낮으므로 '미실현 이익'을 유지하기가 수월하다.

이것이 '정보를 가진 자'의 특권이며, 소형주·재료주·세력주에서 승리하기 위한 절대 조건이다.

움직이는 주식에 누구보다 먼저 올라타는 것이 중요하다.

만일 세력주라면 세력에 가까운 사람이 확실히 유리할 것이다.

그렇다고 해서 정보를 얻기 위해 세력 집단에 비싼 돈을 낼 필요는 없다.

정보를 잡기 위해 노력하고, 후각을 갖추었다면 결코 무리한 일이 아니다.

예를 들어 금 가격이 비쌀 때 세력은 금 관련 종목에 개입한다.

또 디지털화, 5G, 환경 관련 소형주는 얼마든지 있으므로 움직이게 만들기 쉽다.

거기에 그물을 쳐두는 것이다.

이런 것들은 당연한 일이다.

성장할 것 같은 종목을 가장 먼저 예측해서, 주위가 시끄럽지 않은지 항간에 넘치는 정보를 모으고, 차트와 호가창 정보를 통해 세력의 의도를 간파할 수 있는 사람이 유리하게 주식거래를 할 수 있는 것이다.

08

정책의
미래에
희망이 있다

'국책 관련'이란 말을 자주 듣는다. 나라의 정책에 편승한 종목은 인기가 많다. 왜일까? 예산이 따라오기 때문이다. 나라로부터 예산을 받아서 연구하고 제조하는 기업이 있다고 하자.

이런 기업은 수요가 보장된 것과 같다.

실적 호전, 진전이 보장되어있으므로 이런 기업을 주목하길 바란다.

카부탄(株探. https://kabutan.jp 일본의 주식 정보 사이트)이나 증권회사 사이트에서 항상 '○○관련'으로 검색하도록 하자.

이런 노력으로 '보물'을 찾아낼 수 있는 것이다.

정치는 시대 흐름보다 약간 늦는 느낌이 있지만, '예산이 따라온다'라는 강점이 있다.

특히 정권이 바뀐 직후는 의도적으로 새로운 정책을 내세우기 때문에 노려야 할 타이밍이다.

지금 나라가 힘을 쏟고 있는 것은 5G, DX, 전자상거래, 인공지능, 원격근무, Saas(Software as a service. 서비스형 소프트웨어), Maas(Mobility as a service. 서비스형 이동 수단), 원격의료, 방위, 환경대책, 탄소배출 저감 등 다양하다.

스가 정권은 먼저 도장문화 탈피, 디지털화(온라인 진료, 온라인 교육 등), 제도개혁, 불임 치료, 지방 은행 개편, 탄소배출 저감 등을 추가했다.

전부 '앞으로의' 테마이므로, 늦어지는 출발을 잘 조준해서 종목을 선택하는 것이 현명하다.

이에 관해서는 제11장에 지면을 할애해서 설명해 두었다. 보물찾기에 힘을 쏟으면 틀림없이 좋은 성과가 있을 것이다.

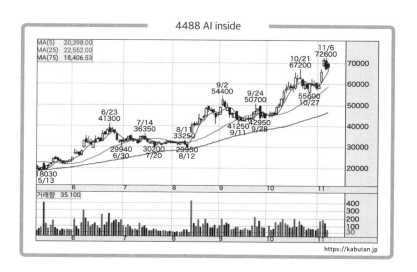

09

필연적으로
상승하는
주가

인기 종목과 시대 배경은 연결되어 있다.

주가가 크게 올라갈지는 '시대성'의 영향을 받는다.

코로나19가 만연해서 전 세계가 온라인으로 업무와 생활을 해야만 하게 되었다.

백신이 나와도 이런 흐름이 바뀌진 않을 것이다.

사람들은 감염되지 않는 생활과 경제활동을 찾는다.

당연하게 존재했던 '접촉 비즈니스'는 완전히 뒤로 물러났고, 요즘은 '비접촉 비즈니스'가 그 자리를 차지하게 되었다.

온라인 비즈니스, 온라인 진료, 인터넷 쇼핑, 온라인 라이브 공연.

사람·물건·돈이 이런 일에 모여들고, 관련 기업의 실적이 좋아지고 있다.

당연히 세력은 시류에 올라탄 비즈니스와 기업의 주식을 타깃으로 삼는다.

이때 중요한 것은 지금 그야말로 시류에 올라타고 있는 활기찬 회사이다.

그곳에 커다란 힌트가 숨겨져 있다는 사실을 눈을 부릅뜨고 지켜보길 바란다.

주가가 아직 제대로 평가받지 않은 저평가 종목은 무엇일까.

이것을 찾는 작업이 '10배 주'로 가는 출발점이 된다.

이미 실적과 재료를 엮어서 비싸진 종목은 올라타도 가격이 크게 변동하지 않는다.

오히려 위험하다.

상투를 잡고 들어가서 하락장에서 손절매하는 것이 고작일 수 있다.

이런 과정을 반복해서는 자산을 늘릴 수 없다.

설령 늘어난다고 해도 대형주에서 10%, 20% 가격 변동을 얻는 것과 별로 다르지 않다.

흐름에 올라탔거나 올라타려고 하는 '의외의 종목.'

이것을 제대로 찾아내자.

기업은 '활로'를 찾기 위해 매일 노력한다.

다른 업종에 진출해서 크게 수익을 올리는 일도 얼마든지 있다.

결산 자료만을 봐서는 알 수 없는 유망한 싹을 찾아야 한다.

2장

세력주

수법의

뒷면을 보자

기회는 준비된 자에게만 미소 짓는다.

루이 파스퇴르(Louis Pasteur)

실패를 두려워하기 때문에 성공할 기회도 적어진다.

혼다 소이치로(本田宗一郎)

10

세력은 시나리오를 가지고 있다

'이유는 모르겠지만 움직이는 세력주'라고 생각하는 사람이 많다.

하지만 실제로는 세력은 꼼꼼한 시나리오를 가지고 자신들이 노리는 종목의 주가를 올리는 작전을 시작한다.

고객이 맡긴 소중한 자금으로 운용하고, 서로 연대하는 다양한 세력 사이트, 트레이더가 있어서 실패는 용납되지 않는다.

만일 '올라간다, 돈을 번다'라고 단언해서 거액의 자금을 투입했는데 실패한다면, 이후의 신용에 큰 문제가 생길 것이다.

그러면 돈을 쉽게 끌어모을 수도 없게 된다.

즉, 세력으로써의 존재가 위태로워지는 것이다.

그래서 그들은 필사적이다.

노리는 회사의 자본금, 부동주, 재료가 되는 정보, 사들이는 주식 수, 거래량과 타이밍, 개미털기 작전, 주가 끌어올리는 횟수, 수익을 확보할 때까지의 기간 등을 시나리오에 철저하게 반영한다.

세력주의 신 100법칙

물론 이런 일들은 일부 세력 관계자들 사이에서만 비밀리에 이루어진다.

그러니 '세력 정보를 알고 있다' 등과 같은 발설형 정보, SNS 정보 등은 '새빨간 거짓말'이라고 해도 좋다.

그런 정보를 믿고 매수하지 않도록 한다.

만일 독자 여러분에게 몰래 정보가 오더라도 투자가를 움직이게 만들려는 '시나리오'의 하나일 수도 있고, 그렇게 해서 정보가 세상에 나온 시점에 이미 '실패한 작전'이므로 실익은 없다고 판단해야 한다.

진짜 세력 정보는 '주가 움직임, 거래량'에 있다.

이것들은 틀림없다.

왜냐하면 거짓말을 할 수 없기 때문이다.

극비 정보를 사전에 얻으려면 큰돈이 필요하다.

그런 투자 없이 세력 종목을 알려면 매일 주가 변동과 거래량을 착실하게 수집해야 한다.

항간에 떠도는 세력 정보보다 훨씬 확실하다.

데이터는 사실이라서 속일 방법이 없기 때문이다.

11

자금력과
집단의 힘에 따라
표적이 달라진다

세력이라 해도 '압도적으로 강력한 자금력 집단'만 있는 것은 아니다.

자금과 회원이 적어서 다른 세력이나 브로커와 공동 작업을 하는 사례도 있다. 여러 집단이 협업하는 작전이므로 '우리끼리만 하는 이야기'라는 것이 새어 나올 수도 있다. 그런 경우에는 실패해서 '처참한 풍경'이 펼쳐지는 경우가 왕왕 있다.

고급 의료시설의 회원권을 판매하는 'nuts'가 최근 사례이다. 2020년 9월에 도산해서 10월에 상장 폐지되었다(자세한 내용은 제3장에서 설명). 인바운드(해외에서 들어오는 관광객)를 상대로 성장한 라옥스도 같은 사례가 될 거라는 기분을 지울 수가 없다.

주가 추이를 전년부터 살펴보면 '역시 그렇군'이라고 이해하는 사람도 있을 것이다.

다시 호황이 찾아오는 꿈을 꾸며 변함없이 보유하는 사람도 많을 것이다. 우리는 밖에서 보이는 것만 알 수 있으므로, 상세한 주가의 속사정은 '세력의 핵심 인물'만이 알 것이다.

물론 주식 세계에서는 뜻밖의 종목이 언제 급등할지 단정할 수 없다.

주식 대부분을 사들이고 표면에 나서서 회사 경영에 관해 발언하는 '옛 무라카미 펀드'(싱가포르)와 같은 강력한 세력도 있다.

일반적으로 세력주는 소형주인 경우가 상식이지만, 옛 무라카미 펀드는 자금이 풍부해서 대형주인 도시바에도 영향을 미쳤다.

원자력 발전사업 실패로 거액의 부채를 떠안아 채무 과다 상태에 빠져서 '상장 폐지 확실'로 세상을 떠들썩하게 하여서 주가가 시들었지만, 세력은 이런 상황을 오히려 역으로 이용해서 도시바의 최대주주로 등장했다.

20년 여름에 열린 주주총회에서는 옛 무라카미 펀드 측의 변호사가 와서 사외이사 취임안건을 제안했지만, 어이없이 부결되었다. 도시바의 관련 사업이 '망하게 하고 싶어도 망하게 할 수 없는 군사 관련'이란 것을 알기 때문에 일어난 일이었다.

이것이 일반적인 '소규모' 세력과 다른 점이다. 옛 무라카미 펀드는 대물 중의 대물인 것이다. 실력이 대단한 세력에는 정치경제계, 종교단체에서도 자금이 들어오기 쉽다.

물론 문제도 있어서 당국이 수사에 들어가기도 한다.

어떤 타입을 노릴지는 선호도에 따라 달라진다.

대규모와 중소규모 모두 노리는 것도 괜찮을 것이다. 하지만 '절대'라고 하는 것과 같은 '정보'는 있을 수 없다는 것을 명심하길 바란다.

12

세력이 노리는 것은
전문가에게 어울리는
소형주

세력주를 움직이려면 '비밀리에 모은 후, 단번에 표면화해서 인기를 끌고 그 틈에 이익을 확정하고 빠진다'라고 하는 일련의 과정이 필요하다.

그 출발이 최초의 '주식 수집'이다.

히타치나 소니의 주식은 수집해도 아무 의미가 없다. 국내외 투자가들이 이미 많이 가지고 있어서 사재기할 수 있는 '양'이 아니기 때문이다.

그래서 세력은 마더즈(Mothers), 자스닥(JASDAQ)의 신흥 종목을 노린다. 거기에 더해 도쿄증권거래소 2부, 1부의 소형주도 표적으로 삼는다.

앞서 소개한 도시바는 예외 중의 예외라 할 수 있다.

표적이 되는 종목은 주로 다음과 같은 종목들이다.

- 과거에 세력주가 된 흔적이 있다
- 신용거래가 가능하다
- 시대성을 반영한 테마주이다
- 부동주가 적다
- 시가총액이 100억 엔 이하
- 게임주처럼 일정한 지지층이 있다.

간단히 추측할 수 있는 테마나 종목은 '의외성'이 없어서 인기를 끌기 어려우므로 표적으로 삼지 않는다.

세력주로써 드러났을 때 '그렇군'이라고 수긍할 만한 요소를 가진 종목이어야 한다.

그런 점에서 과거의 '세력주 일람' 등을 검색해서 대비하더라도 큰 성과를 얻지 못할 가능성도 크다고 할 수 있다.

물론 세력이 선호하는 것이 있으므로, '옛날 사람들'은 과거의 종목에 다시 작전을 걸 수도 있다. 작전을 알 수 없다는 것이 특징이다.

코로나 이후의 시장에서는 역시나 그럴듯한 종목을 고른다.

인터넷 비즈니스, 온라인 거래, 시큐리티, 가상통화, 환경 등이 관심 대상이다.

이런 업계의 구석진 부분이 표적이 될 것이다.

13

세력의 주식 수집은
조용히 비밀리에
이루어진다

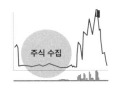 세력은 자신들이 노리는 종목에 대해 '세력화 작전'을 시작하기 위해 꼼꼼하게 준비한다.

세력이 행동할 때의 중요한 조건은 다음과 같다.

- 거래량이 갑자기 증가하지 않게 한다
- 매도가 많을 때 사들인다
- 전체가 약할 때 수집한다
- 일부러 매도 신호를 보내서 손절매한 주식을 사들인다
- 개인투자자가 선호하는 경향을 따른다
- 신흥시장의 인기 테마를 노린다
- 과거에 움직인 종목의 시세 회복을 시도한다

적어도 이 정도는 머릿속에 넣어두고 있을 것이다.

많은 자금을 가지고 의도적으로 소형주나 적은 부동주를 수집하는

세력주의 신 100법칙

것이라서 표면에 드러나지 않게 움직이기 위해 세심한 주의가 필요하다.

발각되지 않도록 사들이려면, 가능하다면 해당 종목에 관한 부정적인 뉴스가 있어서 단번에 대량 매도가 나왔을 때가 기회이다.

옛 무라카미 펀드가 언제나 스캔들 종목, 적자 종목, 경영불안 종목의 최대주주로 등장했던 것은 싸게 주식을 살 수 있었기 때문이다.

'옛 무라카미'라는 이름이 나오는 것만으로도 주가가 상승하기 때문에 그 타이밍에 차익을 확정하는 작전도 있다.

단언할 수는 없지만, 세력은 '주식을 많이 모으기 쉬운' 타이밍을 능숙하게 활용한다.

몰래 사들이는 것이므로 그 기간은 그렇게 짧지 않다.

3개월 정도로 볼 수 있다.

반년이었던 사례도 있다.

시간을 들여서 수고스럽게 사들인 세력주는 당연히 시장에서 활기차게 매매되어 큰 거래량을 기대할 수 있다.

14

승부할 때는
거래량을 늘려서
단번에 작업한다

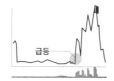

세력이 승부하는 타이밍은 '급등', '거래량 급증'으로 알 수 있다.

이 작전이 성공과 실패를 가르는 생명선이다.

필연적으로 올라갈 이유가 없는 종목이 갑자기 거래량이 많아지고 상승하면 눈에 띈다.

조용히 사들여서 주식을 준비한 세력은 이 타이밍에서 대량 매도 주문을 낸다.

그리고 다시 그보다 많은 매수 주문을 내서 사람들의 눈에 띄게 만든다.

진작부터 주식을 사들이지 않았다면 이런 매도 주문을 낼 수 없다.

게다가 자작극인 매수 주문을 통해 거래량이 급증하게 되므로 단번에 '주목 종목'이 된다.

결과적으로 상한가가 되기도 한다.

단, 상한가 뒤에는 '큰 폭의 하락'도 연출한다.

그렇게 하지 않으면 '금방 끝나버리는 폭죽'이 되어버리기 때문이다.

오랫동안 크게 주가를 성장시키려면 '개미털기, 주가 끌어올리기'를 반복해서 시행한다.

단숨에 주목을 받아서 거래량이 금방 감소해 버리면 작전 실패다.

시세가 단기에 끝나게 만드는 것은 현명하지 않다.

그래서 세력은 매도 주문을 내서 주가를 조정한다.

추종 매수를 한 개인투자자는 털어낼 필요가 있다.

이것이 세력주를 오랫동안 성장시키기 위한 기본 수법이다.

거래량을 늘리고 주가를 조금씩 올려서 시장의 시선을 끄는 종목으로 만든다.

그렇게 해서 많은 개인투자자의 관심을 끌어 '사볼까?'라고 행동을 부추긴다.

이런 움직임이 길어질수록 세력이 사들인 주식이 이익을 실현할 가능성은 커진다.

사들인 주식도 중요하지만, 문제는 거래량과 주가 상승을 잘 조절하는 것이다.

세력주라면 초기의 상한가는 별로 바람직하지 않기 때문이다.

15

거래량을 늘리고 매수 주문을 넣어 '눈에 띄게 만드는' 전략

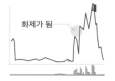

화제가 됨

'주식 수집 완료' → '주가 움직이기' 단계가 되면 세력은 거래량을 확실하게 늘려서 '눈에 띄기 전략'에 나선다.

개인투자자가 알아차리고 인터넷이 시끄러워지는 타이밍이 바로 이때다.

이 타이밍에 독자 여러분이 매수에 들어가는 것은 매우 위험하다.

왜냐하면 '거래량 늘리기', '주가 올리기' 작전이 끝나면 세력은 '주가 방치', '거래량 조작 멈춤' 작전을 취하기 때문이다.

그렇게 되면 '추종해서 매수는 했지만, 주가가 올라가지 않네. 당한 건가?'라는 생각을 하는 투자자들이 주식을 매도한다. 그래서 거래량이 줄고 주가는 떨어진다.

그 후에 세력이 다시 주식을 사들인다.

'뭐야, 괜히 팔았네'라고 생각한 개인투자자가 다시 매수하기 시작한다.

세력주의 신 100법칙

주목을 받게 되었기 때문에 사는 사람도 늘어나고 주가는 올라간다.

하지만 세력은 쉽게 돈을 벌게 해주지 않고, 다시 '눌림목을 연출'한다.

이러는 동안 '뭔가 수상하다'라고 화제가 되면, 세력은 그럴듯한 정보를 인터넷에 흘려서 단숨에 주가를 끌어올린다. 거래량도 증가하고 주가는 다시 솟아오른다. 그래서 화제 종목이 된다.

이 과정을 반복하면 주가는 점점 증가해서 생각지도 못한 정도로까지 주가가 올라간다.

세력은 자금을 항상 사용하는 것도 움직이는 것도 아니다.

가능하면 방치한 상태에서 주가가 올라가 주는 것이 가장 좋다.

적당한 가격에서 이익을 실현하기만 하면 되기 때문이다.

그렇지만 방치만으로는 좀처럼 주가가 올라가지 않기 때문에 거래량을 만들고 매수 주문을 넣어서 주가를 움직인다.

세력은 처음에만 주식을 수집하는 것이 아니라, 어느 정도의 주가가 형성된 후에 더 상승하지 않으면 '개미털기', '끌어올리기'를 반복해서 시장의 주목을 끌려고 한다.

'눈에 띄기'야말로 최고의 전략이기 때문이다.

크게 성장하지 않으면 세력의 목적을 달성할 수 없다.

세력의 사정을 알고 매매에 임하는 것이 중요하다.

16

'주가 끌어올리기'로 세력주를 만든다

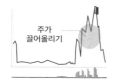

주가 끌어올리기

'주가 끌어올리기'?

이 표현이 낯설게 들리는 사람들도 많을 것이다.

'주가 끌어올리기'야말로 세력주의 존재와 성장을 촉진하는 가장 중요한 수법이다.

'주가 끌어올리기' 과정에서는 주가 추세에 따라서 일정한 가격 폭 안에서 사고팔기를 반복하면서 주가 상승을 유도한다.

지나치게 올렸을 때는 '매도 주식'을 준비해서 주가를 하락시킨다.

일반적으로 '조정'이라고도 한다.

때로는 급락하기도 한다. 자연스러운 급락이 아니라 의도적인 급락이다.

하루 동안의 캔들 차트를 보면 상당한 가격 폭으로 '급등락'을 하기도 한다.

확실한 정보와 세력의 노림수를 모르고 매수한 사람은 '이건 곤란한데'라며 빠져나갈 것이다.

세력주의 신 100법칙

'개미털기'를 한 것이다.

이것으로 끝난다면 시세도 끝나기 때문에 세력은 매수를 통해 의도적으로 주가를 올린다.

이 상황을 보고 '아직 더 올라가나'라고 생각해서 개인투자자가 매수하러 들어온다.

이런 일련의 움직임이 '주가 끌어올리기'다.

쓸데없는 추종 매수는 이런 급락에서 '함정'에 빠지게 된다.

세력은 개인투자자가 능숙한 매매로 이익을 취하게 놔두질 않는다.

말하자면 공적인 시장에서 매매를 이용해서 불공평한 시세를 만드는 것이므로 엄밀하게는 '범죄'에 가깝다.

하지만 당국도 매일 발생하는 수많은 거래 가운데에서 이런 것을 포착하기는 곤란하기 때문에 상당히 악랄한 매매가 아니라면 손을 대지 않는다.

이를 위해 방치한 상태에서 '세력이 만드는' 시세의 차트가 만들어진다.

'차트 장인'이라는 말이 있듯이, 세력은 투자자들이 받아들일 수 있는 거래량과 차트를 만들어서 투자자를 유도한다. 소형주라서 가능한 조작이다.

이런 '주가 끌어올리기'를 이용한 주가 유도는 한 번만 하는 것이 아니라, 의도한 대로 되지 않으면 몇 번이고 한다는 점도 알아두길 바란다.

17
급락으로
'개미털기'하는 것이
세력주를 증명한다

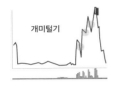

개인투자자가 세력주에서 좀처럼 이익을 내지 못하는 것은 '돈을 벌게 하지 않겠다'는 세력의 작전 때문이다.

개인투자자는 거래량을 동반한 주가의 급격한 상승 상황이 오면 '매수에 덤벼드는' 경향이 있어서 세력으로써는 매수 주식만 늘어난다. 그러면 고가의 움직임이 둔해져서 계속된 주가 상승, '거래량 급증, 시세 계속'은 연출할 수 없게 된다.

결과적으로 세력으로써는 이익을 실현할 기회가 없어지기 때문에 작전에 따라 시세를 오래 유지할 필요가 있다.

단번에 주가를 올리지 않고 어느 정도 가격 폭이 있으면, 매도 주문을 내서 주가를 급락시킨다.

'주가를 떨어뜨릴 목적의 매도 주식'이 등장하는 것이다.

세력이 노리는 것은 개인투자자들이 매수에 몰리는 것이다.

개인투자자가 매수에 몰리는 것은 대환영이지만, 한 번에 몰려버

세력주의 신 100법칙

리면 세력에게는 손해이다.

그래서 시세를 떨어뜨려서 다른 개인투자자들이 들어오기 쉽게 매도 주식을 많이 사용한다.

이것은 상장 시세를 유지하기 위한 조치이다.

이런 상황에서 개인투자자가 '폭락이다!'라며 당황하는 것은 큰 실수다.

급락할 때 냉정하게 대처해서 저가에 '지정가 매수'를 시도한다.

그러면 주식 취득 단가를 낮출 수 있다.

이렇게 하지 않으면 좀처럼 세력주를 이용할 수 없다.

취득 단가를 높여버리면 작은 흔들림에도 '손실 가능성'의 공포로 인해 실패할 수 있다.

'개미'에게는 개미 나름의 방법이 있다.

절대로 취득 단가를 높이지 않아야 한다.

그러려면 주가가 올라갈 때 '덤벼드는 매수'를 절대로 하지 않아야 한다.

어디까지나 '저가에서의 지정가' 매수를 철저하게 지켜야 한다.

세력주 거래에서는 이런 침착한 매수 방식을 지키는 것이 중요하다.

세력이 주가를 떨어뜨리면 산다. 반대로 주가가 올라서 이익이 발생하면 일부를 매도한다.

오직 이 방법으로 매매를 해야만 세력주를 이용할 수 있다.

18

세력주를 키우는 '주가 끌어올리기'는 집요하게 반복된다

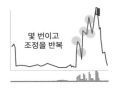

몇 번이고
조정을 반복

세력주를 키우는 과정을 보면, 어느 정도의 괴리율(주가가 25일 이동평균선에서 떨어져서 위치하는 것)까지 올라가면 주가는 급락한다는 것을 알 수 있다.

이런 것은 보통 종목에도 적용되는데, 괴리는 '지나치게 올라간 것'이라서 이익 실현으로 인한 급락이나 폭락이 일어나기 쉽다.

그래서 세력은 일부러 적당한 '매도 주식'을 준비해서 주가를 떨어뜨려 조정한다.

이것이 일반 종목과 다른 점은 너무 크게 폭락시키면 시세가 끝나버리기 때문에 저가에서도 세력이 매수한다는 점이다.

이렇게 '내리기, 올리기, 내리기, 내리기'라는 움직임을 세력의 '주가 끌어올리기'라고 부른다는 것은 앞에서 소개했다.

이 과정에서 개인투자자와 눈앞의 이익을 좇는 투자자가 눈덩이처

세력주의 신 100법칙

럼 불어나기 때문에 생각지 못한 큰 시세로 발전하기도 한다.

주가의 움직임, 시세의 변동폭, 인기가 인터넷에서 화제가 되면 좋은 선전으로 작용해서 많은 투자자를 불러들인다.

세력이 원하는 것은 '화제가 되는 것'이다. '인터넷에서 확산하는 것'이다.

광고비를 들이지 않고도 종목을 '영웅'으로 만들 수 있다.

이런 상황은 더할 나위 없는 순풍으로 작용한다. 이 바람을 타고 주가가 크게 날갯짓한다.

크게 성장하는 과정에서는 몇 번이고 주가의 상승과 하락이 있다.

도중에 탈락해버리면 10배 주를 달성할 수 없다.

세력은 이런 점을 알고 있어서 '주가 하락과 상승'을 이용한 심리전을 걸어온다.

어려운 것 같지만, 세력의 '수법'을 잘 알면 승률을 올릴 수 있고, 큰 이익을 실현할 수 있게 된다.

주가를 내렸다 올렸다 반복하면서 매수자를 늘리는 것이 세력의 진짜 노림수다.

그 과정이 없으면 '세력주가 자라지 않기' 때문에 세력의 작전 초기에 매수에 뛰어들고 뒤에 온 투자자들의 우왕좌왕하는 모습을 세력의 시선으로 느긋하게 바라보고 있으면 된다.

19

서툰
투자가를
호구로 삼는다

세력은 회원 등급에 따라 취득단가를 대체로 정해둔다.

사야 하는 가격을 보여주고 그 이상에서는 '매수하지 말 것', '고가를 좇지 말 것'이라 지시한다.

그렇다면 더 높은 주가에서는 누가 매수할까?

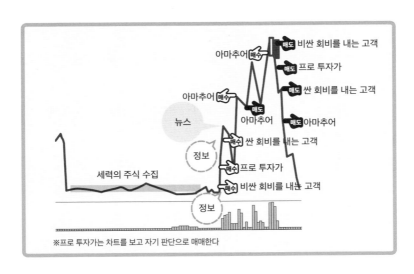

※프로 투자가는 차트를 보고 자기 판단으로 매매한다

세력주의 신 100법칙

개인투자자, 특히 서툰 투자가들이 높은 주가에서 매수한다.

호구가 될 투자가를 끌어들이는 것이다.

그런 사람들은 주가가 크게 올라가기 시작하면 욕망으로 인해 '뛰어든다.' 그렇게 뛰어드는 때에 세력은 비싼 회비를 내는 회원에게 '이익 실현' 지시를 낸다.

여러분이 뛰어든 바로 그 '매수 주식'은 세력이 '매도한 주식'이다.

세력의 작전을 알고 있다면 '고가에서 사줘서 고마워'라는 목소리가 들릴 것이다.

그리고 더 높은 주가에서는 '인터넷에서 봤다'라며 몰려오는 부화뇌동 투자자들이 사게 된다.

그들이 '매수하는 주식'은 저렴한 회비를 내는 회원이 이익을 실현하기 위해 매도한 주식이다.

이때 주가의 위치는 상당히 높으므로 아주 위험하다.

그리고 세력주의 주가 움직임을 보면, 대부분 마지막 상승이 크고 급격하다. 위험한 경사이지만, 어찌 된 일인지 급격하게 올라간다.

'얼핏 보면 이익이 날 것 같은 상승'이다.

하지만 이 타이밍에서 세력은 전부 빠져나간다.

이후 상황은 개인투자자끼리 눈치 보기 경쟁을 펼친다.

'어?' 하며 깨닫는 순간에는 이미 커다란 음봉이 나타난다.

'여기가 천장이다'라고 깨달았을 때는 이미 '매도 일색'이다.

세력주의 마지막 순간이 온 것이다.

20

광란의 급등장에서 빠져나와서 아비규환인 급락장을 보며 미소짓는다

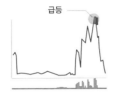

급등

세력주는 종종 마지막에 급등장을 보인다.

몇 번에 걸쳐 개미털기를 당해 떨어져 나간 개인투자자에게는 환희의 순간이다.

엄청난 기세로 추가 매수에 뛰어들고 싶어지는 마음도 이해는 간다.

하지만 세력은 단숨에 빠져나간다.

무참하게도 바로 그 지점이 최고가이고 뒤에는 급락장이 찾아올 뿐이다.

세력은 빠져나가고 매수한 투자자만이 남는다.

세력은 나중 일이 어떻게 되건 신경 쓰지 않는다.

일반적으로 주식은 '최고가에서 매도'를 목표로 하지만, 세력주에서는 그 목표가 절대 무리라는 것을 알아야 한다.

'단번에 크게'라는 욕심을 버려야 한다.

세력이 '눌림목, 하락'을 연출해오면 '지정가를 설정해서 매수'하고, '주가가 크게 오르면 판다'라고 하는 작전으로 세력주를 상대한다면, 질 리가 없다.

어느 정도 이익을 확보했을 때의 **주가 급등이 이익을 실현할 타이밍**이다.

사들인 주식을 **조금씩 매도한다.**

혹시라도 절대 매수해서는 안 된다.

마지막 급등장까지 주식을 가지고 있으면 **'위꼬리 음봉', '큰 음봉'**이 나타나므로 '문답무용'으로 매각한다.

어찌 되었건 중요한 것은 빠져나가는 타이밍이다.

이 상황을 '눌림목이 왔다'라고 착각해서 매수한다면 '세력이 빠져나가기 위한 매도 주식'을 매수하게 될 뿐이다.

세력주에서 실패하지 않으려면 반드시 명심해야 하는 '철칙'이 바로 이것이다.

3장

사례를 통해
세력주 움직임
파악하기

가장 잔인한 거짓말은 흔히 침묵 속에서 이루어진다.

로버트 루이스 스티븐슨(Robert Louis Stevenson)

거짓으로 꾸미고 감추는 기술은 왕으로서 알고 있어야 할 지식이다.

리슐리외

21

고작 마스크일 뿐이지만, 중요해진 마스크를 만드는 가와모토산업

이번 장에서는 필자가 지켜봐 온 세력주의 추세를 함께 살펴보자.

이런 종목이 급등한 것은 극히 최근의 일이므로 독자 여러분도 기억하고 있을지도 모르겠다.

코로나19가 연일 톱뉴스가 되고 마스크가 매장에서 사라졌던 일을 기억할 것이다. 그런 절망적인 분위기에서 '마스크 관련' 종목에 세력이 관심을 보였다.

거즈와 같은 의료용 위생제품을 취급하는 대기업인 가와모토산업(닛케이 종목번호: 3604)의 주가는 300엔대였지만, 코로나 공포→'마스크 부족'→'거즈 수요 증가'라고 하는 시나리오의 영향으로 극히 짧은 기간 동안 3,796엔이라고 하는 '10배 주가'까지 약진했다. 하지만 세력이 빠져나가자 주가는 급락했다.

순식간에 주가는 최고가의 3분의 1 수준으로 떨어졌다.

이 세력주가 형성되던 시기에 매수한 사람들은 아마 3,000엔이나 3,500엔 정도의 최고가 부근에서 사들였을 것이다.

세력주의 신 100법칙

거래량과 추가의 추이를 보면 사실 여부를 확인할 수 있다. 필자도 이 시세 속에서 매매했기 때문에 '고작 마스크'로 주가가 10배가 되는 것은 이상하다는 것을 잘 안다. 나와 같은 생각을 했던 사람도 많을 것이다. 그래도 주쿄의약품(4558)과 고켄(7963), 시게마쓰제작소(7980), 에이지어스(3161) 등 동종업계 기업들의 같은 시기 주가 급등을 보면, 군중심리로 주식 매수에 몰리는 것도 이상한 일은 아니다.

급등주, 세력주는 이런 '집단 광기' 속에서 태어나는 법이다.

그러므로 '시기나 의심이 지나친 사람'은 좀처럼 세력주의 흐름에 편승할 수 없다. 이런 사람들은 '역시 사야겠구나'라는 강한 욕심 때문에 시세의 마지막 부근에서 올라타서 급락장을 맞이하게 된다. 반성할 필요가 있을 것이다.

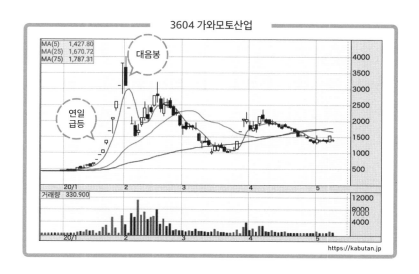

22

말이 되지 않는 '증권인쇄업' 앙지에스의 급등락

한때 앙지에스(4563)는 일본의 코로나19 백신 개발에서 선두에 서 있었다.

다른 나라들에서 백신을 개발하던 회사인 미국의 화이자, 영국의 아스트라제네카는 역사를 자랑하는 대기업이지만 앙지에스는 적자를 내는 신흥기업이었다.

그때까지 몇 번이고 아주 좋은 약 개발에 성공했지만 '좋은 재료가 다 나온 상태'라서 급락하던 중이었다.

이 종목이 일본에서 유일하게 백신 제조에 가까이 갔지만, '10배주'가 되지는 못했다.

그 이유는 자금력 부족, 거듭되는 공모 증자로 인한 가치 희석, 투자가를 배신해 온 이력 때문이다.

덕분에 부동주도 많았고, '세력주'에 속하기는 했지만 '크게 터지는 종목'은 아니었다.

그래서 훌륭한 IR 발표가 있어도, 개장 직후 주가의 기세는 있었지만, 후장에서는 주가가 하락했었다.

말하자면 '신용 받지 못하는' 종목이었다.

'손때'가 너무 많이 탔다고 할 수 있다.

아무리 훌륭한 재료라도 '주식을 지나치게 발행'하는 회사는 세력에게 매력이 없는 것 같다.

미국 화이자 등은 '실패해도 좋으니까 정부 승인 전에 백신을 증산한다'고 선언하고 일본 정부와도 제공 합의를 맺었다.

역시 의료 선진국인 미국 회사는 다른 것 같다.

23

찬반양론 속에서 상승한 '텔라' 주가의 궤적

왠지 수상쩍은 냄새를 '폴폴' 풍기지만, 텔라(2191)는 '꿈을 가지게 한' 종목이다.

앙지에스가 오사카시립대학의 벤처기업이라면, 텔라는 도쿄대 의학부에서 시작한 벤처기업이다.

코로나19 치료약의 임상 시험을 멕시코에서 진행하고 있다.

환자가 적은 일본보다 시험을 진행하기 쉽겠지만, 뭔가 수상한 느낌을 지울 수가 없다.

세력주가 성장하려면 나름대로 조건이 필요하다.

• 재료는 좋지만 불안감이 있다

• 시의성 있는 테마주이다

• 거래량도 함께 움직인다

• 급락도 있지만 급등이 있다

이런 것들이 대표적인 조건이다.

텔라의 멕시코 임상 시험에는 '의심스러운 부분이 있다'라는 주간지 보도가 나오고 한때 주가는 급락했다.

그래도 세력이 개입했는지, 눌림목은 '상승 조짐'이라는 듯이 다시 주가는 뛰어올랐다.

재료가 '코로나 치료약'인 만큼 시의성이 있다.

백신 개발에 약간의 전망은 섰다고 해도 전 세계적으로 사망자가 140만 명을 넘었고, 제3파 이상의 불안을 떨칠 수 없는 상황이다(전부 필자가 집필하던 시점 상황임).

'지푸라기라도 잡는 심정'으로 전 세계가 기다리고 있는 상황에서 텔라가 좋은 재료를 가졌다는 사실은 변함이 없다.

게다가 주가가 내려간 후에는 '급상승한다.'

정말 세력주의 움직임 그 자체라 할 수 있다.

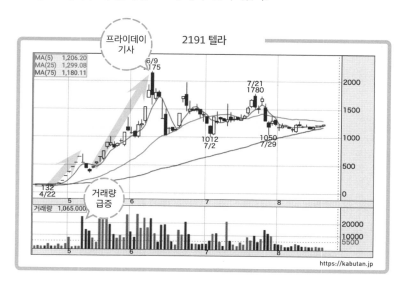

24
영어를
못하는 사람들 덕분에
성장한 레어잡

이번 종목은 이미 10배를 달성한 종목이지만, 레어잡(6096)에 관해 얘기하고자 한다.

'레어잡'은 온라인 영어회화 사이트 분야에서 급격하게 실적을 올리고 있다. 대기업의 채택 뉴스도 있었고, 2018년 말 219엔부터 올라가기 시작해서 거래량 증감을 반복하면서 2019년 말에는 3,000엔 가까이 갔다.

기간은 걸렸지만, 틀림없이 10배 주이다.

역 앞 유학으로 유명한 NOVA가 학생들로부터 큰 계약금을 받으면서도 강사와 수업 약속을 잡기가 어려워서 언론을 떠들썩하게 했던 2007년에 조용히 등장한 '레어잡'은 인터넷이 발달하면서 '언제든 몇 시든 맨투맨 온라인 수업'이라는 서비스를 파격적인 가격으로 제공했다.

확보한 필리핀 여성 강사만 5,000명에 달했다.

동일본여객철도과 법인 계약을 맺기도 했다.

주식분할을 발표하자마자 급상승해서 1,000엔대에서 3,000엔대로 급등할 정도로 마지막 주가 상승 분위기는 엄청났다.

'이것이 과연 세력주일까? 재료주가 아닐까?'라는 의문이 없던 것도 아니지만, 마지막 급등이 거래량을 동반했던 것은 소형주에 모이는 투자가 심리만으로는 설명하기가 부족하다.

주가가 크게 상승해서 대박이 나는 전형적인 차트와 거래량이라는 것은 그림으로 확인할 수 있다.

하지만 주식분할이 끝나자마자 시세는 끝났다.

마지막에 고가에 사서 분할 후 주가 상승을 기대했다가 당한 사람이 많다.

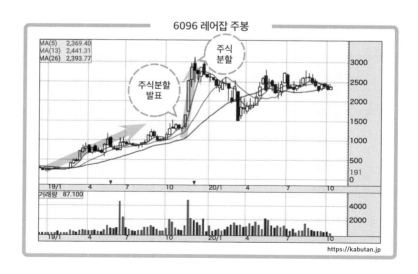

25

'nuts'에
숨어있는 수상한
움직임과 성과

통칭 '콩'으로 불리던 종목인 nuts(7612. 2020년 10월에 상장폐지)를 보자.

왕년의 세력주였고, 2020년 7월 말부터 8월에는 26엔에서 34엔으로 30%나 주가가 증가했다.

'수상쩍다'라는 것이 이 종목의 생명줄이다.

한때는 게임 관련이었는데, 회원제 고급 의료시설이라는 사업의 수상함 때문에 공적과 죄과가 합쳐져서 주식시장에서 경쟁이 펼쳐졌다.

2015년 말의 20엔대부터 2017년 6월의 365엔까지 무려 18배나 증가했다. 그 후에도 다시 뛰어올라서 2019년 1월의 52엔부터 3월 14일의 234엔까지 다섯 배 가까이 대박이 났다. 전부 거래량을 동반한 급등락이었다.

무척이나 세력주다운 세력주의 대표격이라 할 수 있다.

그 이유를 말하자면 다음과 같다.

- 수상하다

- 매우 저평가
- 주식 수로 승부할 수 있다
- 자금이 없더라도 자산을 두 배, 다섯 배, 열 배로 증가시키는 것이 꿈이 아니다
- 단기 급등

잘되면 누구나 자산을 늘릴 수 있었다.

중요한 것은 '언제 들어가서, 언제 나오느냐'라는 타이밍이었다.

큰 폭으로 상승해서 미실현 이익이 발생했는데도 '모든 주식을 끝까지 보유하는 어리석은 행동을 범한 사람은 기껏 찾아온 이익을 '꿈같은 이야기'로 끝내버렸다. 그리고 2020년 9월 16일에 nuts는 파산했다. 세력주는 대박도 나지만, '대박'은 사라지기도 한다. 부디 조심하길 바란다.

7612 nuts (2020년 9월 상장폐지) 월봉

26

흐름에 올라탄 5G 관련 움직임

5G(5세대 이동통신)는 4G 스마트폰의 뒤를 잇지만, IoT(사물인터넷) 시대에 없어서는 안 될 통신 인프라다. 앞으로도 가장 주목받는 테마라고 할 수 있다.

그래서 세력계 주식 가운데는 5G 관련 종목이 많지만, 다마가와홀딩스(6838)는 자스닥 종목으로 소형주이며 시가총액도 적다. 즉, '움직이기 쉬운' 종목이다. 그래서인지 재빨리 움직였다.

다마가와홀딩스는 최근 두 번에 걸쳐 세력이 개입한 흔적이 있다.

2018년에는 거의 4배 증가해서 나름 대박이 났다.

코로나 소동으로 눌리지 않았다면 더 올라갔을지도 모른다.

움직임의 특징을 보면 세력이 매입한 후로 보이는 단계에서 갑자기 거래량이 증가해서 양봉이 연속적으로 나타난다.

명백한 개미털기가 보이지 않는 부근에서는 우량주와 같은 움직임을 보인다.

하지만 이 시점에서 도쿄증권거래소 1부의 5G 유력 종목인 안리

쓰(6754)가 별다른 움직임을 보이지 않은 것을 보면, 역시 의도적인 조작 흔적으로 보인다.

그 증거로 1월에 고가를 찍은 후에는 마치 그때까지의 양봉이 거짓말인 것처럼 '위꼬리 음봉'을 시작으로 음봉이 계속되다가 원래 가격 근처로 되돌아왔다.

단순히 실적에 따른 시세, 재료주라고 하기에는 위화감이 있다.

이런 부류의 종목은 '사고 팔고, 팔고 사고'와 같은 회전 매매를 하지 않고 초동에서 주가가 오를 때마다 보유 주식 수를 조금씩 매도하고, 큰 음봉이 나올 때까지는 주식 대부분을 보유하는 전략이 바른 전략이다.

'대박주'로 자산 급증을 노린다면 테마성이 강한 종목의 '대천장'을 기다리는 편이 좋다.

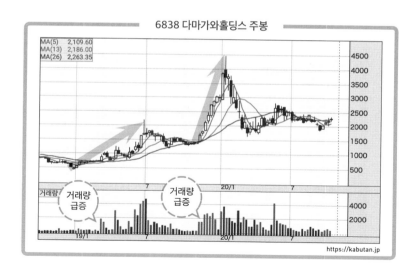

27

인바운드 감소, 코로나로 인해 떠오른 드러그스토어

코로나19의 영향 아래에서 눈에 띄는 것이 드러그스토어다.

인바운드가 코로나로 급감해서 악재가 가득하다고 생각했더니, 마스크와 소독약, 티슈 등이 한때 매장에서 사라지고 구하려는 사람들이 매장 앞에서 줄을 이루는 이상한 '특수(?)'를 맞이했다.

이익이 감소할 것이라는 예상이 크게 빗나갔고, 오히려 최고 이익을 거둘 기세다. 마스크 관련 종목을 따라가는 식으로 주가가 움직였다. 관련 종목에서도 세력의 움직임을 볼 수 있다. 그런 종목의 대표 격이 쿠스리노아오키홀딩스(3549)이다.

도쿄를 중심으로 한 간토 지역이나 오사카를 중심으로 한 간사이 지역같이 인구가 많은 곳도 아닌 호쿠리쿠 지역에 본거지를 두는 드러그스토어의 주가가 크게 움직였다.

과연 무슨 이유가 있었을까?

이 주식을 살펴보면, 시가총액이 작고 부동주가 적었다. 그리고 거래량도 대단하지 않았다.

세력주의 신 100법칙

즉, 이런 종목을 움직이는 것이 비교적 간단하기 때문이다.

이익 감소 예상이 이익 증가로 확 바뀌었다.

세력이 노리기에 딱 좋은 움직임이다.

드러그스토어는 대체로 식품도 함께 취급하기 때문에 코로나 관련으로 집에 머무는 사람들을 위한 식품이라는 재료도 함께 가지므로, 재료는 '듬뿍' 있다고 할 수 있다.

게다가 실적이 뒷받침한다면 기세가 붙는다.

'결과를 기대할 수 있는 움직임'인 것이다.

이런 시의성 있는 주식이 올라가기 시작하면 망설이지 말고 사들일 수 있을 정도의 예측 능력을 갖추고 있어야 한다.

단, 오래 보유하는 것은 금물이다.

28

상승과 하락을 주기적으로 반복하는 게임주

Klab(3656)은 게임주 중에서도 인기 있는 저평가주다.

800엔대부터 1년에 한 번 정도, 특히 여름부터 가을에 걸쳐서 주가가 뛰어오르는 습성이 있어서 초보자도 알기 쉬운 종목이다.

도쿄증권거래소 1부의 소형주로 화려하게 움직이지는 않지만, 신용 배율(신용 매수 잔고÷신용 매도 잔고) 상황이 '매수매도 균형'에 이르면 가격 폭이 커진다.

스마트폰 앱으로 중국 시장에서 강점을 가지고, 그런 재료를 반영하여 주가가 움직이는데, 일봉이나 주봉에서 '이중 바닥'을 찍은 후에 반등하기 쉽다.

그러므로 세력뿐만 아니라 모두가 매수하는 움직임이 된다.

이런 부류의 종목은 일봉에서 서서히 고가를 따라가는 상황은 문제없지만, '천장을 뚫는 급등' 상황은 마지막 상승 상황이므로 '즉시 빠져나올 태세'를 취해야 한다. 혹시라도 과거 최고가를 의식해서 '더 올라간다'라는 희망적인 관측을 해서는 안 된다.

매년 같은 시기에 움직이기 쉬우므로 그 습성을 알고 조사한 다음, 제때 확실하게 들어가서 현명하게 빠져나오는 기술을 가져야 한다.

이 종목에도 초동에서는 '개미털기'를 위한 급락이 몇 번이나 있다. 그런 '눌림목 타이밍'은 다시 없는 매수 기회다. 혹시라도 1,000엔 이상 상승하면 들어가지 않아야 한다는 점도 명심해야 한다.

어떠한 주가 수준에서도 호가창을 보면 급격한 상승 상황에 들어가면 큰 단위의 매수가 들어온다.

이것은 세력의 조작인 경우도 있지만, 개인투자자의 추종 매수도 있다.

세력주로 알려져서 세력과 개인투자자가 경쟁하는 재미있는 종목이라 기회가 많지만, 정석을 무시한 트레이딩은 성공할 수 없다.

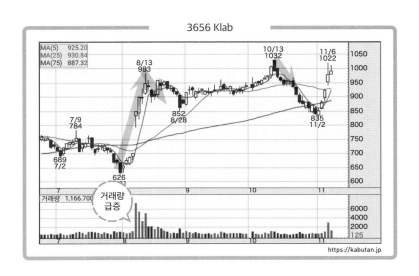

4장

세력주와
현명하게
싸우는 방법

부잣집 자식은 죽을죄를 지어도 처벌받지 않는다.

소동파(蘇東坡)

커다란 성과를 내는 사람은 문제점에 초점을 맞추지 않는다.
기회에 집중하고 있다.

스티븐 코비(Stephen R Covey)

29

'세력의 움직임인가?'라고 느꼈으면 일단 100주만 '시험 삼아 매수'

세력주에 관해 여러 내용을 소개했지만, 결국 어떤 종목에 언제 들어가서 언제 나올지가 상당히 어려운 문제다.

'세력주'란 어느 정도 예측할 수 있지만, 크게 성장해서 10배 주가 될지 어떨지는 결과론에 불과하다. '뒷북치는 일'이라면 언제라도 할 수 있다. 그래서 그럴듯한 주가 움직임과 거래량을 감지했다면, 우선 최

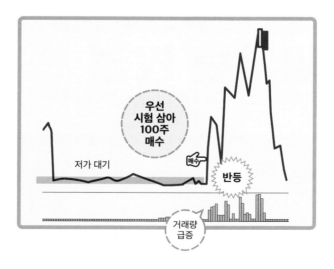

소 매매단위인 100주만 '시험 삼아 매수'해보자.

'사고 싶은 종목'을 매수 후에 주가가 내려가서 계좌가 마이너스가 되는 일은 흔히 발생한다.

이것을 피하려면 산 후에도 주가 차트와 호가창을 냉정하게 계속 주시해야 한다.

- 거래량이 늘어나서 호가창의 가격 변동폭이 생겼다.
- 지금까지의 거래량과는 확연히 다르다

이런 움직임이 나타났다면, 저가로 가격을 지정해서 추가 매수하자.

취득 단가를 가능한 한 낮추는 작전은 매우 중요하다.

거래량이 늘어나고 주가가 올라가는 상황에서 '뛰어들어 매수'하는 일은 실수로라도 하지 않아야 한다.

평균단가는 올리지 말아야 한다.

이 원칙을 지키면서 주식을 사들였다면, 이제 '가격 하락을 바라는' 정도의 냉정함을 잃지 않도록 하자.

이것이 세력의 '흔들기', '개미털기'에 대항하는 전술이다.

'뛰어들어 매수해서 눌림목에서 매도'하면 시장에서 자산을 잃기만 할 뿐, 절대로 늘어나지 않는다.

조심해서 냉정하게 임하도록 하자.

30

주식을 늘리고 싶어도
'매수로 끌어올리기'는
하지 말 것

세력주라고 생각되는 주식을 잘 사들였다고 하자. '운이 좋은 것'이다.

하지만 중요한 것은 이제부터다. 사들인 것만으로는 세력주로 성공했다고 할 수 없다.

세력의 속셈은 '가능한 한 고가에서 주식을 사게 만들자'라는 것이다.

올렸다가 내리고, 다시 올렸다가 내리는 것이 세력의 수법이다.

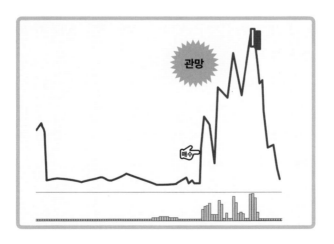

　　　　　　　　　　　　　　　　　　　세력주의 신 100법칙

이것을 반복해서 투자자 심리를 흔든다.

'빨리 빠지지 않으면 마이너스가 된다'라고 생각하게 만들어서 차분히 기다릴 여유를 주지 않는다.

자신들 외에 세력주를 '보유하고 버티는 일'은 허락하지 않는다.

개인투자자가 '추종 매수'하려 뛰어들면, 매수되는 주식이 많아지므로 주가는 올라가고, 고가가 무거워져 움직임이 둔해진다.

이런 이유로 세력은 세력주를 '보유하고 버티는 일'을 허락하지 않는 것이다. 그래서 세력은 갑자기 급락을 연출해서 앞을 볼 수 없는 주가에 대한 '불안감'을 심는다.

이런 과정을 연속적으로 진행하여 주가를 움직인다.

급락시켰다가 급등시키는 것이다. 이런 움직임에서는 떨어뜨렸을 때 평균 취득단가를 낮추기 위해 매수하는 것이 중요하다.

실수로라도 반대로 움직이면 안 된다.

올렸을 때 뛰어 올라타고, 내렸을 때 빠져나가서는 안 된다는 것이다.

그렇게 움직이면 무조건 질 수밖에 없다. 주가를 계속 올릴 때는 어쩔 수 없으므로, 매수한 주식을 가만히 쥐고 있자.

'계속 상승'할 때 '매수'한다면 평균 매수단가가 올라가 버려, 개미털기 상황에서 큰 손실을 보게 되므로 '공포감'에 휩싸이기 쉽다.

이런 전철을 밟지 않으려면 가격이 올라갈 때 매수해서 주가를 더 올리는 행위는 금물이다. 절대로 하지 않도록 하자.

31

두 번째 주식 수집은 초기 '개미털기' 타이밍에서만 할 것

세력계 종목을 사들일 때는 처음에 '시험 삼아 100주' 매수하라고 했었다. 문제는 그 후의 '주식 늘리기' 행위이다.

'뛰어 올라타기', '고가 추종'은 절대로 삼가야 한다.

그런 행위를 하면 취득단가가 올라가므로 좀처럼 이익을 내지 못한 채, 자칫하면 손해를 확대할 수도 있다. 그러므로 초동 주식의 단가

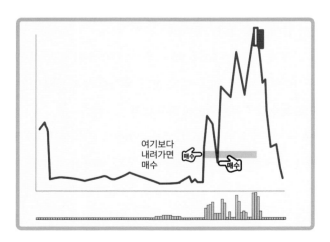

여기보다
내려가면
매수

매수

매수

보다 비싼 가격에서는 주식을 늘리지 말아야 하는 것이다.

초동 주식보다 저가에서 '지정가 주문'을 걸어서 주식을 늘려야 한다.

이렇게 할 수 없다면, 그 종목으로는 승부하지 않아야 한다.

꼭 명심하도록 하자.

세력주는 주가가 눈에 띄어 거래량이 증가하면, 반드시 '눌림목'이 있다는 습성을 가진다. 정확하게 말하면 눌림목을 연출한다고 표현하는 것이 맞을 것이다.

이 상황에서는 주가가 무서울 정도로 유동성을 보이며 급락한다.

이렇게 되면, 세력주에 익숙하지 않은 개인투자자는 깜짝 놀라서 도망치듯 빠져나간다.

손절매하고 철수하는 것이다.

하지만 이런 '흔들기'는 세력이 구사하는 상투적인 수법이다.

이런 상황에서는 익숙하지 않은 투자자가 허둥대며 빠져나갈 것을 예상하고 저가에서 기다려야 한다.

이 종목은 이제 안 되나보다는 생각이 들 때야말로 매수 적기인 것이다.

세력이 일부러 주가를 떨어뜨리고 있을 때 허둥대서 던지고 나가면 이길 수가 없다.

왜냐하면, 그 뒤에 노도와 같은 가격 회복이 있기 때문이다.

이것이 세력계 종목을 다루는 '방법'이다.

32

위험한 세력주는 신용거래 하지 말 것

주식투자로 10배, 100배를 노리려면, 3배의 자금을 운용할 수 있는 '신용거래'를 해야 한다는 사람이 있다.

어느 정도는 일리가 있다고 생각한다.

그런 리스크를 감당할 수 있는 사람이 '10배 주'에 일찍 도착할 수 있을지도 모르겠다.

하지만 동서고금을 막론하고 '크게 벌고' 그 후에 '전부 잃었다'라는 사람이 한없이 많은 것도 사실이다. 만일 '시세 열전'이란 책을 쓴다면 그런 사람의 예를 얼마든지 찾을 수 있을 것이다.

중요한 것은 '크게 번다'는 것이 아니라 '확실하게 벌 수 있는' 기술을 익히는 것이다.

자금을 투입해서 초기에 목표한 수준을 확실하게 벌 수 있다면, 레버리지, 즉 지렛대 원리를 응용한 '신용거래'에서도 크게 실패하지는 않는다.

모든 일이 그렇듯이 잘될 때도 있지만, 실패할 때도 있는 법이다.

어중간한 실력으로 신용거래를 한다면 가진 돈의 세 배나 잃고도 '반대매매'를 당할 가능성이 크다.

원래부터 세력주는 '위험'하다.

승률이 높지 않다.

실패하는 사람이 많아서 성공한 사람에게 돌아가는 몫이 많은 것이다.

95%가 실패하고 나머지 5%가 이기는 것이 세력주의 세계이다. 더 정확하게 표현하자면, 주식 세계 자체가 그런 것이다.

그런 세계에서는 2승 8패를 하더라도 자산이 증가할 수 있다.

'작게 지고, 크게 이긴다'는 것이 가능하다면 세력주에도 이길 수 있다.

매번 이길 필요는 없다.

실패를 예감했다면, 재빨리 빠지면 된다.

대신에 잘 사들였다면, 가격 상승 국면에서 매도하여 마지막의 장대한 이익을 실현한다.

담력이 필요한 거래에서 반대매매 기일이 점점 다가오는 초조함이나 추가 보증금은 불필요하다.

'신용'이 아니라 현금으로 거래하여 충분한 이익을 얻도록 하자.

33

옥석을 가릴 수 없는 '게시판 정보'를 믿지 말 것

SNS가 활발한 시절이다.

그래서 정보는 어디에서라도 얻을 수 있다.

하지만 그런 상황이 좋은 것만은 아니다.

'이것은 좋다!'라고 직감한 종목이라도 게시판 등에 부정적인 정보가 적혀 있어서 위축된 적도 있을 것이다.

게시판의 정보는 옥석을 가릴 수 없다.

오히려 지극히 무책임하다고 생각해도 좋다.

물론 그런 정보 중에는 해당 분야의 '전문가'가 주는 정보도 있다.

도움이 되는 정보가 전혀 없다고는 할 수 없는 것이다.

하지만 99%는 '쓰레기 같은 정보'라고 해도 과언이 아닐 것이다.

보는 것 자체가 시간 낭비이다.

투자자가 참고해야 하는 것은 차트와 거래량뿐이다.

여러 정보 가운데는 세력이 의도적으로 흘리는 정보도 있다.

비교적 논리적이고, 제대로 된 숫자를 제시하기도 하므로, 믿기 쉬울 것이다.

세력은 게시판을 이용해서 주가를 조작한다.

특히 '개미털기' 국면에서는 강력한 마이너스 재료를 흘린다.

그 타이밍에서 '추종 매수' 투자자들을 쫓아내는 것이다.

세력주를 크게 성장시키는 데 방해가 되는 개인투자자의 '추종 매수', 버티기를 쫓아내서 주가를 가볍게 만드는 것이 세력의 중요한 작전이다.

모든 정보는 의심하는 편이 좋다.

믿을 수 있는 것은 조작할 수 없는 것뿐이다.

그것을 확인하려면, 차트와 호가창을 봐야 한다.

세력의 꼭두각시가 되지 않으려면, 차트와 호가창 외에는 유용한 정보가 없다고 생각하는 것이 최선이다.

34

세력도
실패할 수
있다는 것을 알자

'세력주는 의도적으로 시세를 만든다.'

이것은 맞는 말이다.

하지만 주식의 세계는 불투명해서 어떤 일이 일어날지 알 수 없고, 세력끼리 서로 공격하기도 한다.

기관투자가가 방해하는 일도 있다.

온갖 도깨비가 난무하는 세상이 주식 세계다.

'세력주'라는 이유만으로 돈을 벌고, 주가 상승이 약속된 종목이라는 선입견은 버려야 한다.

모든 것은 결과론에 불과하다.

잘되면 '우리 투자 회사는 이만큼 벌었다'라고 선전한다.

실제로는 얼마나 잘된 건지, 몇 퍼센트 벌었는지 바깥에서는 알 수가 없다.

그러므로 세력주로 승부할 때는 매번 생각대로 잘되지 않아도 좋으니까, 잘 맞아떨어졌을 때 크게 버는 것이 중요하다.

물론 주식과의 궁합이란 것도 있다.

어느 정도 움직이는 특성을 읽을 수 있는 '익숙한 종목'이라면, 어느 정도 변동하더라도 놀랄 일은 없다.

그래서 세력이 실패해서 빠져나간 타이밍도 어느 정도 읽을 수 있게 된다.

당연한 이야기지만, 세력주에도 100%는 없다.

이 사실을 명심하고 매매한다면 '손해는 작게, 이익은 크게' 할 가능성이 크다.

세력은 세력대로 꼼꼼한 시나리오를 만들고 철저한 준비를 한 상태에서 타이밍을 판단한다. 하지만 그렇다고 해서 모든 것이 예상대로 된다면 아무도 고생하지 않을 것이다.

잘되기만 하는 것이 아니라서 여러 가지로 흔들고 속여서 '시세 조종'에 여념이 없는 것이다.

35

금방 끝나는 폭죽 같은 종목과
세력주의 차이를
간파한다

'세력주'같이 움직이는 종목은 신흥시장을 중심으로 제법 많이 있다.

어느 날, 갑작스러운 거래량 증가를 동반한 주가 급등을 지켜본 개인투자자는 여러 정보를 보면서 '이건 들어가야겠다'라고 생각하게 되므로, 제법 많은 투자자가 같은 생각으로 주식을 사들인다.

이렇게 올라탔지만, 그 후에는 상승하지 않는 경우도 있다.

이때가 되면 '세력주인지 아닌지' 망설이게 된다.

정답부터 말하자면, 세력이 들어와 있다면 '그 후의 매수'는 없다.

침착한 세력은 작은 실적, 호재료에 반응한 것만으로는 들어오지는 않는다.

이것이 '단순한 호재료'와 '세력주'의 차이다.

물론 세력주라도 '작전을 걸었지만 실패했다', '생각대로 주식을 모으지 못했다', '세력끼리 싸우게 되었다' 등의 경우가 있기는 하다.

앞에서 말한 '세력처럼 보이는' 종목과 기회가 있는 세력주 종목을

세력주의 신 100법칙

혼동하지 않아야 한다.

허허벌판에 서 있는 한그루 삼나무처럼 갑자기 눈에 띄게 올라가도 '재료에 대한 반응'만으로 '끝'나버리는 사례는 얼마든지 있으므로 조심해야 한다.

젊은 여성에게 인기 있는 가방이나 의류 브랜드인 사만사타바사재팬(7829)을 그런 사례로 들 수 있다.

예전에 이 회사가 신사복 브랜드인 코나카의 산하에 들어간다는 정보가 돌아서 주가가 크게 올라간 적이 있다. 하지만 금방 거래량은 줄었고, 시세는 타들어 가는 폭죽처럼 시들어갔다.

그러다가 최근 다시 비슷한 움직임을 보였다. 역시 일회성이었던 것이다.

이런 종목에 들어가는 것은 실패라고 할 수 있다.

이런 종목은 쓸어 담아 버려야 할 정도로 많이 있다.

호재료가 나올 때마다 올라타는 식으로 투자하면, 자금이 아무리 많아도 성과를 낼 수 없다.

세력주를 노린다면, 쓸데없이 자금을 투자해서 날리는 행위는 절대 피하길 바란다.

36

남에게 듣고 '급락할 주식을 매수하는' 호구가 되지 말 것

'지금 사도 될까요?'

'언제 팔면 될까요?'

트위터를 통해 이런 질문을 받을 때가 있다.

몇 번이고 말하지만, 어감이 좀 나쁘게 들리더라도 투자는 자기 책임이라는 사실을 명심해야 한다.

사는 것도 파는 것도 '자기 판단'으로 하는 것이다.

그런 타이밍을 타인에게 묻는 것 같은 한가한 짓을 해서는 경쟁을 할 수가 없다.

사는 것도 파는 것도 '한순간의 판단'으로 하는 것이다.

타이밍을 묻고 싶을 때는 그 질문을 받는 사람도 '한창 싸우는 중'이다.

그러니 질문에 답할 여유 따위 있을 리가 없다.

만일 운 좋게 답을 들었어도 그 답은 기껏해야 '타이밍을 놓친 다음'에 듣게 된다.

세력주의 신 100법칙

타이밍을 아주 잠깐만 놓치더라도 투자가에게는 돌이킬 수 없는 손해가 발생할 수 있다.

대형 우량주 종목이라면 완만하게 움직이므로 다른 사람에게 묻거나 Yahoo! 뉴스, 게시판 발언 등을 참고할 수도 있을 것이다.

하지만 세력주 운용은 '한순간의 싸움'이다.

남에게 묻고 결단하는 것 자체가 이미 '승산이 없다.'

'남에게 의지'하는 사람이 저지르기 쉬운 것이 '안심할 수 있을 정도의 가격 상승과 거래가 발생'했을 때의 대량 매수다.

이때는 이미 '클라이맥스'다.

절대로 빠져야 할 타이밍인 것이다.

세력은 그런 '빠질 타이밍'을 만들기 위해 주가 급등을 연출하고 빠져나간다.

그렇게 해서 자신들의 이익을 실현하는 것이다.

하지만 능숙하지 못한 개인투자자는 그 타이밍에서 고가 매수(이것도 시간이 지난 후에야 알게 되지만)를 범하게 된다.

그런 사람이 있어서 세력이 계속 유지되는 것이다.

남에게 의지하는 동안에는 자기도 모르게 호구가 된다는 사실을 명심하자.

37

눌림목에서는 반드시 지정가로 매수할 것

이번 장의 끝부분에서는 실제로 차트를 확인해보자.

이론만으로는 이해하지 못하는 분들도 차트를 보면 필자의 말을 수긍할 수 있을 것이다.

세력주와 경쟁하는 방법에서는 차트와 호가창에서 상대의 의중을 느끼면서 현명하게 싸우는 것이 중요하다.

상승한 다음 날에는 '주가 끌어올리기'를 위해 '눌림목'을 연출하는 경우가 종종 있다.

그런 경우에는 이런 사실을 의식하면서 저가에 촘촘하게 지정가 주문을 넣어두는 작전이 바람직하다.

세력은 주가를 끌어내려서 개인투자자를 위협하여 주식을 내던지게 만든다.

그 후에 자신들이 사들여서 다시 주목받는 종목으로 만드는 '흔들기 전법'으로 나올 가능성이 크다.

이런 속셈을 읽고 저가에서 침착하게 기다리자.

가능한 한 취득단가를 낮추는 전법으로 맞서야 한다.

주식에는 '올라가면 돈을 번다'는 것만 존재하는 것이 아니다.

내려갔을 때 가능한 한 저가에서 많이 줍는 것도 존재한다.

이런 방법을 사용해서, 주가가 크게 올랐을 때 미실현 이익이 발생하도록 주식을 매수해야 한다.

절대로 고가에서 올라타서는 안 된다.

이렇게만 하면 질 일은 없다.

생각만큼 내려가지 않아서 저가에서 주식을 매수할 수 없어도 괜찮다.

사지 못해도 손해를 본 것은 아니기 때문이다.

이런 마음가짐이 중요하다.

38

고가에서는
지정가로
이익 실현

저가에서 주식을 사들여서 모았다면, 다음에 할 일은 '매도' 작전이다.

세력이 노리는 것은 대체로 신흥시장에서 시가총액이 비교적 작은 종목이다.

이런 종목은 부동주가 적고, 가격 변동이 심한 것이 특징이다.

최근에 주식을 상장한 종목도 시가총액은 작다.

이런 종목으로 이익을 확정하려면 '지정가'를 염두에 두는 것이 이상적이다.

여기서 소개하는 차트는 2020년 2월에 상장한 종목이다.

상장 직후에 상승한 다음에는 눈에 띄지 않게 움직였고, 거래량도 많지 않아 한산했다.

그러다가 새로운 서비스 발표와 8월에 벌어진 상장 종목 인기가 어우러져 계속해서 상한가를 기록했다.

세력주의 신 100법칙

낮은 가격으로 주식을 모을 수 있다면, 다음에 찾아올 급등 국면에서 금방 미실현 이익이 발생한다.

사들인 주식은 '올라갈 때 매도'하는 것이 좋다.

그렇게 해야 주식투자로 성과를 올릴 수 있다.

물론 예상 밖으로 올라가서 '좀더 벌 수 있었는데'라며 후회할 수도 있지만, 그렇게 버티다가는 실패하는 일도 많아진다.

주식투자는 확률의 문제다.

아침 개장 전의 호가창을 보면, 그날의 주가 상황을 대체로 알 수 있다.

그것을 바탕으로 가격을 지정해서 이익을 실현하고, 빠져나가는 방법이 성공하기 쉬운 방법이다.

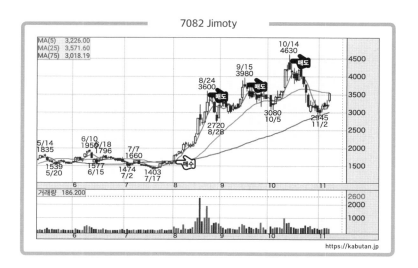

39

추세에 뛰어들어 서둘러 매수하지 말 것

개인투자자가 갑작스러운 주가 상승과 거래량 증가에 끌려서 '뛰어드는 것처럼 매수'한다면 실패하게 된다.

급격한 거래량 증가, 주가 상승은 세력이 연출한 것이기 때문이다.

이런 움직임을 보고 '추종 매수'가 모이는 것을 기다리는 것이 세력의 노림수다.

여러분이 그런 덫에 걸려들 이유는 없다.

초동에서는 '시험 삼아' 100주만 매수하자.

그리고 시장의 흐름을 현명하게 지켜보자.

여러분은 초동에 사들인 주가보다 낮은 가격으로 지정가 매수 주문을 넣어두면 된다.

물론 저가 수준에서 사들이는 것이 원칙이다.

서툴게 고가에서 주식을 추가하는 것보다 수는 적어도 낮은 단가에서 자주 사들이는 편이 이익이 커진다.

초동의 주식을 계속 쥐고 있자.

이것이 주식투자, 특히 대박 나는 종목에서 이익을 더 늘리는 중요한 방법이다.

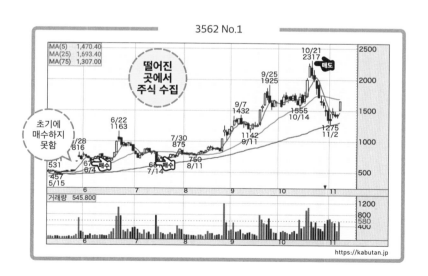

40

눌림목에서 매수하고 크게 오르면 매도한다

　주식을 사들이는 것은 타이밍을 잘 봐야 하지만, 주가가 움직이기 시작한 초동 타이밍에 들어갈 수 있다면 100주, 기회가 되면 1,000주든 5,000주든 상관없다.

　하지만 주가가 올라가기 시작하고 나서 시간이 지난 후라는 것을 안다면, 한 번에 대량으로 매수하는 것은 현명한 행위가 아니다.

　그런 타이밍에 200주 정도 시험 삼아 매수했다고 가정해보자.

　계속 올라가는 추세가 분명한 종목에서는 약간의 타이밍 차이는 크게 영향을 주지 않는다.

　하지만 데이트레이딩이나 스윙 매매에서는 처음부터 손해를 끌어 안는 것은 불리할 뿐이다.

　그래서 최초 매수 후에는 그 종목의 계좌가 마이너스가 된 시점에서 추가 매수한다.

　그것도 한 번에 대량으로 매수하는 것이 아니라, 저가에서 기다리다가 5엔, 10엔, 20엔 단위의 가격 차이를 두고 매수한다.

이렇게 해서 매수단가를 낮출 수 있다면 다음으로 세력이 거래량 증가, 주가 끌어올리기 작전을 구사할 때 현명하게 이익을 실현할 수 있다.

이익 실현은 어느 정도 이익폭이 생긴 후에 조금씩 바로 진행하는 것이 바람직하다.

그 후에 눌림목이 있으면, 다시 주식을 사들이면 된다.

저가에서 사서 올라갔을 때 파는 것을 반복하여 착실하게 이익을 챙기자.

한 번에 거액을 손에 넣는 것은 웬만큼 운이 좋지 않고서야 무리라는 것을 명심하자.

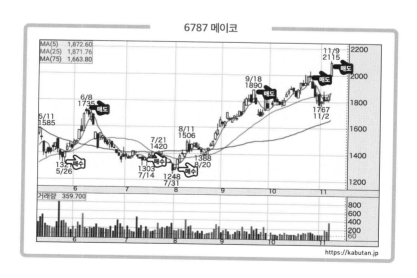

6787 메이코

5장

'실전' 호가창으로 주가 움직임을 읽는다

삶은 영원한 투쟁이다. 자연과의 투쟁, 사회와의 투쟁, 다른 이와의 투쟁,
영원히 끝나지 않는 투쟁이다. 싸워라. 투쟁은 삶의 꽃이다.

오스기 사카에(大杉栄)

통찰력이란 아무 토양에서나 자라지 않고,
어떻게 꽃피울지는 아무도 모르는 예민한 꽃이다.

장앙리 파브르(Jean-Henri Fabre)

41

under와 over의
균형으로
매매 타이밍을 느낀다

세력주에 관해 이야기하기 전에 호가창 움직임의 기본에 관해 지금 이야기를 해두겠다.

호가창을 읽을 때 중요한 것은 호가창에 숨겨진 '매수' 주문의 총 수량인 'under'와 매도 총수량인 'over'의 수치를 주의해야 한다는 점이다.

현재가		
매도	호가	매수
10,000	OVER	
400	1760	
500	1740	
800	1720	
1,200	1700	
2,000	1680	
	1660	8,000
	1640	4,000
	1620	2,000
	1600	3,000
	1580	1,200
	1560	1,000
	1540	800
	UNDER	25,000

여기가 많으면 주가↗

세력주의 신 100법칙

주가가 상승해서 매수가 우세한 때는 대략 'under' 수치가 'over' 수치보다 많다.

그리고 'under'의 수치가 갑자기 증가하여 매수 주문 증가를 호가창에서 분명히 확인할 수 있을 때는 '주가에 상승 기세가 붙었다'라는 것을 알 수 있다.

여기까지가 기본이다.

다만 언제까지고 호가창을 보기만 할 것이 아니라, 주가는 위아래로 호흡하듯이 움직이므로, 그 흐름을 제대로 읽는 것이 중요하다.

캔들 차트에서는 읽을 수 없는 미묘한 숨결을 호가창에서는 금방 읽을 수 있다.

특히 데이트레이딩을 한다면, '호가창을 읽는 기술'은 필수적이다.

호가창에는 그 종목의 기세가 나타난다.

보고 있으면 거래량이 급증했는지, 줄었는지도 알 수 있다.

수치를 보지 않더라도 호가창의 움직임을 알 수 있다.

그러므로 호가창을 주목하면서, 이익 실현은 호가창이 활발하게 움직이고 매수(under)가 많을 때 한다.

반대로 매수는 가격 변동이 완만하고, 고가에서 매수하지 않아도 되는 호가창이 조용할 때가 더 낫다.

42

고가에서 매수하는 주식에 기세가 있는가

매매가 한창일 때의 호가창에서 주의해야 하는 것은 주가가 올라가는지 내려가는지 있다.

차트에서는 '과거부터 지금'까지의 흐름을 읽을 수 있지만, 호가창의 움직임을 보면 '지금부터 미래'를 생생하게 읽을 수 있다.

현재가		
매도	호가	매수
18,000	OVER	
400	980	
700	970	
2,800	960	
1,200	950	
6,200	940	
	930	8,000
	920	1,200
	910	800
	900	1,200
	890	800
	UNDER	30,600

예컨대 어떤 주가가 성립한 후에 다음 주가가 그것보다 아래에서 성립할지, 아니면 더 올라가서 성립할지를 알고 싶다고 하자.

호가창에서는 그 분위기를 읽을 수 있다.

'고가에서 사들였지만, 직후에 대량 매도가 나온다. 그래서 더 많이 매수했지만, 끈질기게 매도가 이어진다'라는 상황을 두고 생각해보자.

호가창이 이런 상황이라면 과연 다음에는 어떻게 될까?

여러분이 이 종목에 들어가 있다면, '이것보다 더 올라가지는 않겠군'이라 판단할 수도 있다. 빠져나올 타이밍을 재고 있을 수도 있다.

올바른 대응이다.

사도 사도 매도가 나온다는 것은 '매도 압력이 강하다'는 의미다. 즉 '고가 한계'라고 볼 수 있다.

다만 대량 주문이 고가에서 성립된 상황이다.

이것은 명백하게 '거래량을 동반한 매수'가 나타난 것이다.

즉 주가 상승 기세가 강하다고 판단할 수 있다.

물론 대량으로 매수하는 사람들은 주가가 더 올라갈 가능성을 알고 있다.

그러니까 대량으로 매수하는 것이다.

세력이든 누구든 매매를 하면 호가창에 나타난다.

숨어서 매매하는 것은 불가능하다.

그러므로 호가창을 제대로 보고 어떤 방향으로 대량의 주식이 발생했는지 파악하는 것이 매우 중요하다.

43

이익 실현이 어디까지 계속될까, 시세를 억누르고 있지 않은가

아침부터 주가 움직임이 강한 때는 어느 정도 이익 실현을 위한 매도가 나오더라도 그것보다 더 강한 매수가 나와서 고가를 형성한다.

이것이 상승하는 호가창이다.

그런데 어느 수준의 주가에 도달하면, '여기서부터 더 위로는 올려보내지 않겠다'라는 듯이 의도적으로 느껴지는 대량 매도가 등장하기도 한다.

세력주든 대형 종목이든 그 뒤에는 반드시 호가창을 지배하는 세력이 있다.

고가에서 많은 매도 물량이 나오는 것은 두 가지 이유 때문이다.

하나는 세력이 주가를 장악하고 있을 때이고, 또 하나는 세력이 이익 실현을 진행할 때이다.

어떤 이유일지는 주가 수준에 따라 달라진다.

그 종목이 움직이기 시작한 직후에는 '이 종목을 주목!'하라는 신호를 보내는 단계다. 많은 투자자가 모이면 주가 수준을 바꿔 간다. 거

세력주의 신 100법칙

기서 더 주목받아서 주가에 기세가 더해진다. 이때 주가를 끌어올리기 시작한다.

또 다른 이유인 '세력이 빠져나갈 때'의 급격한 주가 상승은 어떤 종목에서도 마찬가지지만, 주가를 올릴 때 마지막 급등 단계에서는 '모든 시장 참가자가 오름세를 예상'하는 현상이 나타나서 주가가 급경사를 올라가듯 '급등'한다.

이때가 세력주가 완성되는 단계이다.

거래량에 맞춰서 주식을 매도한 세력은 빠져나가고, 그 타이밍에서 주가가 더 오를 것으로 예상한 개인투자자가 그 주식을 사들인다.

여기까지의 내용이 차트와 호가창으로 볼 수 있는 세력주의 구도이다.

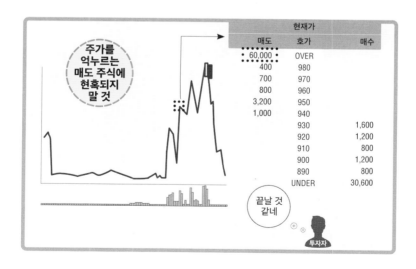

44

의도적으로 조작하여
눈에 띄는 '가짜 주문'을
간파할 것

세력이나 시장을 지배하는 대형 증권사는 '가짜 주문'을 자주 사용한다. 성립시킬 의도가 없으면서도 호가창에 대향 '매수 주문'이나 '매도 주문'을 표시하게 만들어서 그 방향으로 투자자의 눈을 돌리게 유도하는 것이 '가짜 주문'이 노리는 바다.

그러다가 목표로 한 주가에 가까워진 시점에서 주문을 취소해 버리는 수법이다.

물론 진짜로 주가를 조정하기 위해 '매도 주식'을 내놓는 때도 있지만, 고가를 제어하기 위해 훨씬 많은 '매도'나 '매수' 주문을 현재가와 떨어진 곳에 둔다.

투자자는 대량 매도 주식이 호가창의 윗부분에 나타나면 '고가 한계'라고 생각해서 이익 실현을 서두른다. 이렇게 되면 가짜 주문의 효과는 상당한 것이다.

'보여주는' 효과가 나타난 시점에서 발주를 '정정하거나 취소'하여 갑자기 호가창에서 사라지므로, 서둘러서 매도한 투자자들은 귀신에게 홀린 것 같은 기분일 것이다.

그리고 주가를 지탱할 목적으로 저가에 '대량 매수' 주문을 내기도 한다. 이런 '가짜 주문'은 저가를 지탱하는 효과를 발휘한다.

말 그대로 의도적으로 주가를 움직인 것이다. 이처럼 세력들은 한없이 위법에 가까워서 금지된 방법으로 시세를 조종한다.

증권시장, 주식 세계에서는 그런 불법 행위가 아무렇지도 않게 통용된다. 당국이 전부 관리하지 못해서일 것이다.

그런 수업에 흔들리지 말고 큰 흐름을 보면서 리스크를 취할 각오가 없다면 초기 목표를 달성할 수 없을 것이다.

조심해서 거래를 진행하길 바란다.

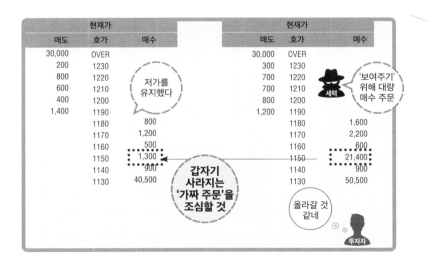

45

시세의 전환점에서
급격하게 증가하는
under 수치

개별 종목의 움직임을 보고 있으면 후장부터나 폐장 직전부터 갑자기 거래량을 동반하여 급등하는 때가 제법 있다.

이것은 분명히 호재가 나왔을 때 발생한다.

물론 세력이 정보를 흘려서 의도적으로 주가를 끌어올려서 시선을 끄는 작전일 때도 있다.

별로 많지 않던 거래량이 거대해지고, 그와 함께 '현재가 거래'로 보이는 매수 주문이 증가하면서 고가를 계속 경신하고 주가가 상승한다.

성립된 주가보다 더 높은 가격에서 계속 거래가 성립되는 현상이 발생하는 것이다.

이런 현상은 고가를 좇는 상황 중에서도 매우 강한 상황이라고 할 수 있다.

강한 주가 움직임은 숨길 수가 없고, 주가가 올라가는 기세를 눈앞에서 볼 수 있으므로 주시하길 바란다.

세력주의 신 100법칙

이 주가가 초동에 있다면, '시험 삼아 매도'하여 대응하는 것이 좋다. '이제부터 움직인다'라는 신호이기 때문이다.

어느 정도 마이너스를 각오하고 들어가지 않으면 기회를 잡을 수 없다. 중요한 것은 움직이기 시작한 인기 종목을 서둘러 매도하지 않는 것이다.

잘 나갈 종목을 겨우 붙잡았으니, '초동' 주식이 계속 상승하는 급등 국면부터 '위꼬리', '음봉'이 나올 때까지 참아야 한다.

작은 가격 변동 폭에서 '승률을 중시'하는 방식으로는 세력주로 큰 이익을 볼 수 없다.

시세가 움직이기 시작한 타이밍 즉 Under가 급격하게 증가하는 타이밍은 눈여겨보던 종목을 부지런히 감시해야만 알 수 있다.

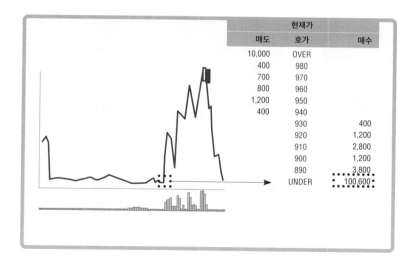

	현재가	
매도	호가	매수
10,000	OVER	
400	980	
700	970	
800	960	
1,200	950	
400	940	
	930	400
	920	1,200
	910	2,800
	900	1,200
	890	3,800
	UNDER	100,600

46

'호가창'과 '체결가'를 통해 확인할 수 있는 '대량 매수'

한산하고, 가끔 100주, 200주 거래가 성립하는 호가창은 주가도 활발히 움직이지 않아서 앞으로 올라갈 것이라는 기대도 없고 인기도 없다.

이와 달리 100주 단위 개인 주문에 섞여서 대량 주문이 빈번하게 나오는 것 같다면, 주가의 미래를 기대할 수 있다고 판단해도 좋다.

왜냐하면 종목이 인기를 끌고 있기 때문이다.

그러면 주가는 더 올라간다. 나온 매도 수량을 전부 흡수해서 더 올라가는 것이다.

이런 종목은 거래량이 많고 빈번하게 매매가 이루어진다.

매매 빈도는 '체결가'를 보면 알 수 있다.

'체결가'란 매매가 성립할 때마다 그 시간대, 단위, 주가를 표시한 것이다. 그 표시가 많은 종목은 거래가 활발한 것이므로, 인기 종목이 되었다는 것을 알 수 있다.

세력주의 신 100법칙

호가창에는 체결 순간에 매매된 거래의 합계를 표시하므로 거래량이 '5300'이라고 되어있다면, 소액 투자자가 모여 있는 것인지 대규모 투자자가 들어온 것인지 판단할 수 없다.

하지만 체결가를 쭉 살펴보면 한꺼번에 5,000주나 되는 주문이 들어온 것을 알 수 있다.

주목해야 할 것은 개인이 100주 단위로 매매 주문하는 사이에 1,000주 단위나 5,000주 단위의 대형 주문이 얼마나 있었는가다.

'가끔만 약정'할 수 있다거나 '매매가 가끔 성립'하는 종목은 주목받지 못한다.

그러므로 가능한 한 대형 거래가 자주 발생하는 종목을 선정해서 들어가야 한다.

시간	체결가	계약성립량	현재가		
			매도	호가	매수
10 : 12	1190	200	10,300	OVER	
10 : 12	1190	100	200	1230	
10 : 12	1190	5100	800	1220	
10 : 11	1180	100	600	1210	
10 : 11	1180	100	400	1200	
10 : 11	1180	400	500	1190	
10 : 11	1180	100		1180	800
10 : 11	1180	100		1170	1,200
10 : 11	1180	100		1160	5,000
10 : 10	1180	100		1150	1,300
10 : 10	1180	100		1140	900
10 : 10	1170	3500		1130	70,500
10 : 10	1170	700			
10 : 10	1170	1500			

47

대형 주문이 들어오는 가격대와 타이밍에 맞춘다

주목하는 종목이 앞으로 더 올라갈지 내려갈지는 호가창 움직임을 보면 알 수 있다. 주가가 강할 때, 매수세가 강할 때는 큰 단위로 거래가 이루어지면서 고가를 계속 갈아치운다.

하지만 아무리 눈을 씻고 호가창을 보고 있어도 호가창에 나오지 않는데도 주가가 계속 올라가는 일이 자주 발생한다.

그런 경우는 대형 투자자가 지정가가 아닌 '현재가 매수'를 하고 있는 것이다.

일반적으로는 고가에서의 매도 지정가와 일치하는 매수 주문에 의해 매매가 성립하고, 호가창에는 그 거래가 표시되지만, 현재가 매수는 '호가창'이 아니라 '체결가'에만 매매 성립이 표시된다.

연속적으로 들어왔다가 나가고, 나갔다가는 다시 들어오는 것을 반복하는 파동이 분명히 위를 향하고 있다.

이 호가창의 움직임에서는 약동감을 느낄 수 있다.

상한가를 형성할 수 있는 호가창이라 생각한다.

차트만으로는 알 수 없는 주가의 '숨결'이 호가창에는 나타난다.

이것을 놓치지 않는 것이 시세 흐름을 확실하게 장악하는 중요한 기술이다.

여기서는 분명히 대형 투자자나 세력이 주가를 움직이고 있다.

이 상황에서 들어가는 것이 짜증날 수도 있겠지만, 주가의 위치나 차트 형태가 '대천장'이 아니라면 큰 문제는 없을 것이다.

호가창의 움직임, 대형 투자자의 움직임에 맞춰서 매매하는 것도 승리 방정식의 일부다. 어차피 시세는 대형 투자자가 만드는 법이다. 논리나 이론으로 만들어지는 것이 아니다.

어디까지나 세력의 형편을 따라갈 뿐이다. 이 사실을 받아들이고 들어가는 것이 현명하다.

매도	현재가 호가	매수
10,800	OVER	
400	1010	
700	1005	
800	1000	
200	995	
200	990	
	980	400
	975	1,200
	970	2,800
	965	6,200
	960	3,800
	UNDER	70,400

매수가 우세하다면 항상 숫자가 움직여서 깜박이는 것처럼 보인다

시간	체결가	계약성립량
14 : 00	985	100
14 : 00	980	400
14 : 00	985	200
14 : 00	980	800
14 : 00	980	200
13 : 59	980	800
13 : 59	975	600
13 : 59	985	2700
13 : 59	975	300
13 : 59	975	300
13 : 59	975	500
13 : 59	975	2400
13 : 58	970	400
13 : 58	970	700
13 : 58	970	600

48

폐장 직전의 매수 주식으로 고가를 추격하고 있는가

어떤 종목이 앞으로 올라갈지 어떨지는 폐장 직전의 호가창을 보면 알 수 있다.

계속해서 매수될 가능성이 있거나 수급 관계를 이룬 종목은 그날 폐장 타이밍에서 대량 매수 주문이 들어오는 경향이 있다.

앞으로 상승할 것으로 예상하기 때문에 하루 시세를 보고 주식을 더 추가하려는 움직임인 것이다.

아니면, 이미 이익을 실현했지만, 주가가 내려가지 않아서 다음 날에도 강할 것으로 예상한 투자자가 폐장 타이밍에 사들여서 다음 날 차익을 실현하려는 것이다.

이런 호가창 움직임은 매수가 많고, '매도 압력'이 그다지 작용하지 않으므로 강하다고 볼 수 있다.

이런 부류의 호가창은 다음 날 개장 타이밍에 들어가는 것도 방법이다.

다만, 세력계 종목에서는 '폐장 타이밍의 움직임이 강한 것'처럼 보이게 조작할 가능성도 있으므로 잘 살펴봐야 한다.

이와 반대로 폐장 타이밍에 대량 매도가 나오는 '환매' 주식이 두드러진다거나, 한산해서 폐장 타이밍에 매매 주식이 나오지 않는다면, 인기가 없다는 증거다.

일부러 위험을 취할 것까지는 없다고 본다.

시간	체결가	계약성립량
15 : 00	3625	52700
14 : 59	3625	100
14 : 59	3625	5000
14 : 59	3620	100
14 : 59	3620	100
14 : 59	3620	400
14 : 59	3620	100
14 : 59	3620	100
14 : 59	3615	100
14 : 59	3615	100
14 : 59	3615	100
14 : 59	3615	100
14 : 59	3620	2700
14 : 59	3615	700
14 : 59	3605	2800

	현재가	
매도	호가	매수
10,800	OVER	
400	3650	
700	3645	
800	3640	
200	3635	
200	3630	
	3620	400
	3615	1,200
	3610	2,800
	3605	6,200
	3600	3,800
	UNDER	100,400

고가를
좇는다

49

고가를
내리누르는 두터운
'매도 주식'

실적이 좋아도 주가가 바닥을 기는 움직임을 보이기도 한다.

그런 호가창을 보면 under와 비교해서 over가 압도적으로 많다.

분명하게 의도적인 '매도 작전'이다.

그 시점에서 주가가 올라가지 않아서 울며 겨자 먹기로 손절매를 하고, 공매도를 통한 '신용거래'의 매도가 더해져서 *신용배율이 길항을 이루면 갑자기 매수 주식이 나온다.

'신용거래로 시세가 올라가는' 것이다.

실적이 좋다는 이유로 신용 매수가 많아지면 세력이나 펀드가 주가를 가볍게 만들려고 일부러 매도에 나서서 주가를 떨어뜨리고, 더 내려갈지도 모른다는 공포감으로 다른 투자자들의 '매도'를 유발한다. 그 후에 강하게 주식을 사들이는 것이다.

자금이 있는 세력에게 이런 '시세 조종'은 아무것도 아니다.

*신용배율의 길항 | 신용매수 잔고와 공매도 잔고가 비슷해져서 그 비율이 1에 가까워지면 보통은 주가가 올라간다고 한다.

세력주의 신 100법칙

이런 움직임에 걸려들어 매매한다면, 돈이 아무리 많아도 버티지 못할 것이다.

높은 위치에서 사서 어느 정도 손해가 나더라도 실적이 비약적으로 좋은 종목은 손절매하지 말고, 오히려 취득단가를 낮추는 작전으로 나서야 한다. 물론 실적 미달과 같은 악재가 없고, 단순히 '매수 주식이 매도 주식보다 많은 것'이 전제 조건이다.

주가는 반드시 실적과 연동하는 것은 아니다. 신용거래로 주가를 지배하려는 무리가 있다.

주가는 저절로 성립하는 것이 아니라, 대형 투자자의 고의 조작으로 성립하는 경우가 많다. 주가 형성의 그러한 속사정을 충분히 알고 트레이딩에 임하지 않으면 엄청난 실패를 맛볼 수 있다.

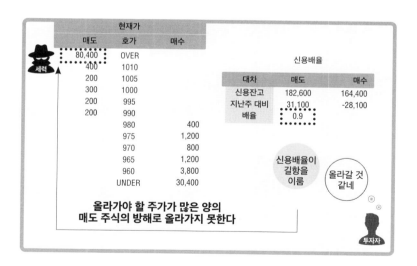

50

저가를 지탱하는 '매수 희망 집단'의 존재

세력이나 대형 투자자가 어떤 종목에 대해 '이 종목은 더 올라간다'라고 생각하면, 현재가가 아닌 저가에서 대량 매수 주문을 내는 경향이 있다.

실제 수요에 의한 매수도 있지만, 세력들이 이 종목의 주가를 좀더 올리고 싶다는 생각으로 활발하게 저가에서 '매수 지정가'를 설정하여 개인투자자의 '현재가 매수'를 유발하는 것이다.

거래량이 늘어나고 주가 움직임이 활발해지면, 세력은 회원들의 주문을 늘릴 수 있고, 이익 실현을 위한 타이밍을 만들기도 쉬워진다.

호가창이 자연발생적으로 성립한다고 생각하는 것은 망상에 불과하다. '의도적으로 하나의 작전을 통해 만들어진다'라고 생각해야 실패하지 않는다.

시세란 것은 자연발생적으로 존재하는 것이 아니라, 의도적으로 조작된 것이라고 인식해두면 틀림없다.

세력주의 신 100법칙

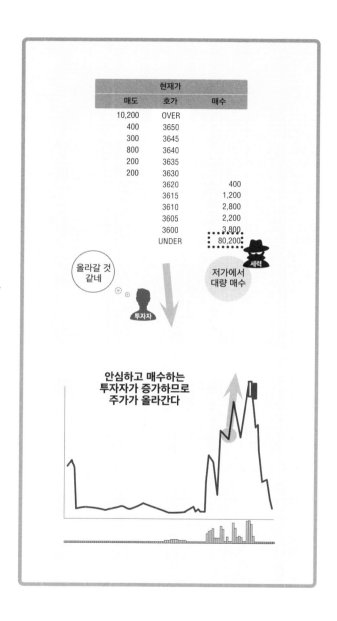

6장

차트로 보는

작전

타이밍

역사는 무패의 군대가 존재하지 않는다는 것을 보여준다.

이오시프 스탈린(Iosif Stalin)

평상심을 가지고 모든 것에 임하는 사람을 명인이라 부른다.

야규 무네노리(柳生宗矩)

51

장기 보합세 탈출을 노린다

세력주에 작전을 거는 타이밍은 분명하게 '움직이기 시작했을' 때다.

보통 세력이 주식을 몰래 모으고 있는 동안은 주가가 크게 움직이지 않는다. 세력이 주가를 움직이게 하지 않는 것이다.

움직이기 시작하는 것은 저가에서의 '보합세'로부터 위로 치고 올라갔을 때다.

이때가 '보합세 탈출' 타이밍이다.

주가가 장기간 저가에 머무르면 '팔 사람은 팔아 버린다.'

그러면 '고가가 무겁지 않은' 상태가 된다.

그 상황에서 매수가 모이면 주가는 크게 위로 뛰어오른다.

즉 '이륙'한 상태가 되는 것이다.

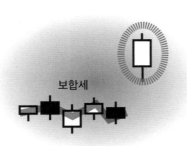

보합세

이 타이밍은 누가 보더라도 알 수 있으므로 거래량이 증가하고, 주가도 상승하기 쉬워진다.

사들인 후에 미실현 이익이 발생할 수도 있다.

아무리 가격이 싸더라도 저가에 머무르는 타이밍에 들어가면 언제 움직이기 시작할지 알 수가 없다.

그러면 자산 효율이 낮아진다.

그렇게 혼자서 놀지 말고 모두가 움직이기 시작했을 때 함께 움직이는 것이 좋다.

52

저가에서 거래량 급증을 동반한 상승하는 주식을 사들인다

　사들이는 타이밍 중에서 일반적으로 가장 위험이 적은 것이 저가에서 거래량이 급증할 때다. 물론 주가가 함께 급등하는 때이기도 하다. 주가는 왜 급등했을까? 그 이유 중 하나는 재료가 나온 타이밍이고, 나머지 하나는 이유 없는 급등이다.

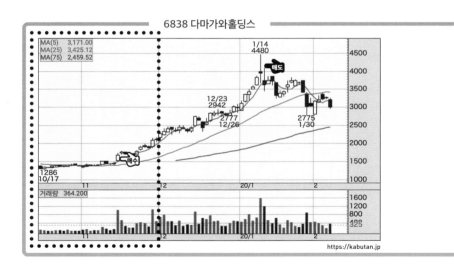

6838 다마가와홀딩스

세력주의 신 100법칙

이 두 번째 이유가 세력주가 보이는 움직임이다. 그렇다면 어떻게 하면 3,600개가 넘는 상장 종목 속에서 이 타이밍을 알아차릴 수 있을까? 그 방법은 주가가 하락하고, 인기권 밖에 있고, **보합세인 주식의 움직임을 끈질기게 추적해가는 수밖에 없다.** 3,600개가 넘게 있다고 해도 대박이 나는 종목은 한정되어 있다.

요즘은 DX 관련 종목이 주력이고 주가가 뛰기 쉬워서 매수가 집중되므로, 그런 종목을 집어서 정기적으로 관찰하는 것이 좋다.

물론 대박 나기 쉬운 종목은 게임, 의료, 인터넷 등에도 있다. 변동폭을 가지고 지켜보는 것이 좋을 것이다. 분명하게 움직이기 시작해서 큰 폭으로 가격이 오른 후에 도전하면, 이익폭이 작아지고 위험은 커지므로 가능하다면 단계에서 알아차리기를 권한다.

53

움직이기 시작한 종목의
'첫 눌림목'에서
사들인다

저가에서 갑자기 상승한 주식의 움직임을 놓쳤다고 하자.

모든 종목을 주의 깊게 관찰할 수는 없으므로, 거래량이 급증한 움직임을 놓치는 일도 있을 것이다. 그래도 문제는 없다.

'첫 눌림목에서는 매수'라는 말이 있듯이, 급등과 거래량 급증 후에

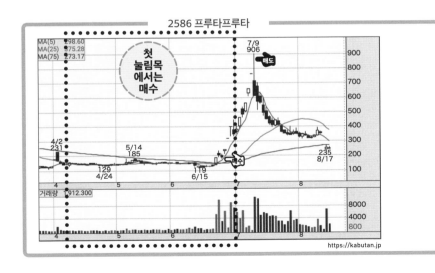

세력주의 신 100법칙

나온 눌림목은 큰 기회이기 때문이다.

세력은 갑자기 거래량이 급증하고 주가가 급등하게 만든 후에도 계속 양봉이 이어지게 두지는 않는다. 한 번은 개미를 털고, 주가를 끌어올려서 무거운 주식에서 이익을 실현해야만 한다.

이 타이밍이 '눌림목'이다. 이때를 놓치지 않고 현명하게 주식을 사들이면 그 후의 가격 상승으로 이익을 얻을 수 있다.

주가가 움직이기 시작하는 타이밍은 좀처럼 잡기 어려우므로, 초동 상승에 주목해서 그 후의 눌림목을 노리는 편이 더 낫다고도 한다.

움직이기 시작한 종목을 확실히 파악해서 초동의 눌림목에서 제대로 사들인다. 습관적으로 이런 매수를 할 수 있다면, 자산은 틀림없이 비약적으로 증가할 것이다.

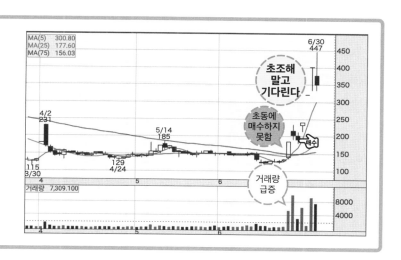

54

급등 후의 '개미털기'로 주가가 내려갔을 때 사들인다

세력주에는 '세력의 개미털기'가 반드시 있다.

첫 눌림목일 수도 있고, 그 후의 큰 눌림목일 수도 있다.

거래량을 동반하여 명백하게 움직이기 시작한 종목, 그 종목을 사들여서 조작하는 세력이 '추종 매수'한 투자자들을 털어내서 고가를 가볍게 만들려고 상승 초동 단계에서 대량으로 주식을 팔아서 주가를 떨어뜨린다.

세력주든 그렇지 않든 인기 종목의 움직임을 보면, 반드시 초동에서 눌림목이 있다.

이때가 대량의 주식을 사들이는 타이밍이다.

세력계 종목을 매매할 때 성공하는 키포인트는 '사들이기'에 있다.

유리하게 사들이면 상당한 확률로 성공이 약속된다고 할 수 있다.

'초동의 눌림목'에서 사들이면 성공확률이 매우 높아진다.

그 시점에서 매수한 종목은 주가 트렌드가 상승하기 시작하면, 이

세력주의 신 100법칙

익 실현을 참고 보유하는 것이 현명하다.

움직이기 시작한 종목은 첫 눌림목에서 사들이면 그 후 상승 국면에서 금방 이익이 되므로 즐겁게 운용할 수 있다.

고점을 잡아서 미실현 손실이 커지는 것은 정신적으로 좋지 않다.

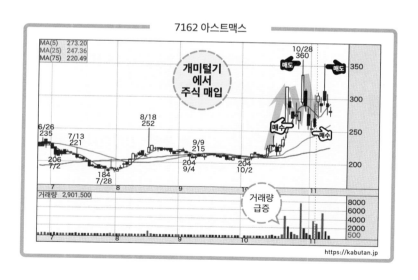

55

장기하락 후에
거래량이 급증하는
반등을 노린다

어떤 주식을 사고 싶다고 생각한 계기는 대체로 인기주라서 거래량이 많고 주가가 상승하는 국면인 경우가 많을 것이다.

하지만 추세 매매는 기회가 많아서 상승했을 때는 기분이 좋지만, 다른 종목도 보유하고 있어야 이익이 날 확률이 높아진다.

오랜 하락 후에 기업 체제나 실적에 변화가 생겨서 밝은 징조가 있다면, 주가는 종종 '바닥'을 친다.

세력도 이 타이밍에서는 주가를 올리기 쉬우므로 '악재가 다 나온' 타이밍에서 몰래 주식을 사들인다.

이렇게 세력이 사들인 타이밍을 제대로 지켜보고, 마찬가지로 사들이면, 그 후의 큰 상승 국면에서 짭짤한 이익을 얻을 수 있다.

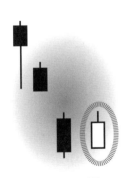

하락 갭 타스키형

세력주의 신 100법칙

차트에서 본다면 바닥이라는 신호가 나온 때가 이런 타이밍에 해당한다.

'장악형', '잉태형', '하락 갭 타스키형'과 같은 신호가 나오기 쉬우므로 판별할 수 있을 것이다.

물론 모든 종목이 '바닥'→'반등'이 되는 것은 아니므로, 처음에는 100주 정도 '시험 삼아 매수'해 보는 것이 좋다.

그 후에 거래량을 동반해서 상승할 것 같으면 본격적으로 매수한다.

이것에 성공하면 가격 상승효과를 크게 볼 수 있다.

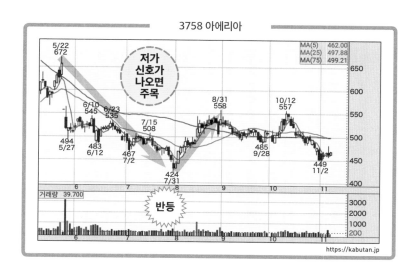

56

긴 아래꼬리의
다음을
노린다

하락 흐름 후에 긴 아래꼬리가 나타난 때는 주가가 반등할 확률이 매우 높다.

투자자들 사이에서 저가 매도가 나오고, 주식을 던지듯 매도하는 상황이 벌어진다.

하지만 그렇게 던져진 주식은 시장에서 '비교적 저렴'하다고 판단하기 때문에 바로 매수되는 경우가 많다.

일정한 수준보다 낮은 저가에서는 매수가 많으므로 가격을 떨어뜨려도 바로 회복된다.

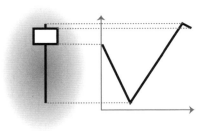

이 캔들을 보고 시장은 '저가 한계'라고 판단한다.

이것이 '매수 신호'가 되므로 매수할 절호의 기회이다.

세력도 이렇게 매수하

기 쉬운 수준에서 '작전'을 걸기 수월하다.

세력은 몰래 사들였다가 어떤 시점에서 주가를 끌어 올리는데, '아래꼬리'는 그것을 위한 연출의 한 가지다.

저가에서 반등하는 차트를 만들어서 그 후에 사서 주가를 올린다.

이것은 '이상적인 매수 기회'이므로, 그 후에 매수해서 주가를 올리는 데는 그다지 큰 에너지가 필요하지 않다.

이 타이밍을 노려서 확실하게 매수하길 바란다.

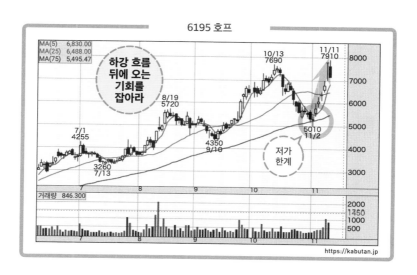

57

샛별형으로
저점을
확인한다

저가를 확인할 수 있는 또 다른 신호는 '샛별형' 사인이다.

주가가 조정을 받아 하락하면 마지막에 내던지는 것으로 보이는 매도가 발생한다.

이 타이밍에서 주가는 명백하게 '비교적 저렴'해지고, 다음 순간에는 매수가 발생해서 주가가 올라간다.

아래로 떨어져 있는 캔들이다. 양봉이든 음봉이든 상관없다.

그 후에 주가가 올라가는 캔들 차트다.

이런 것이 종합적으로 나타나는 것이 '샛별형'이다.

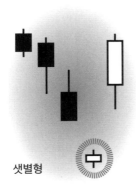

샛별형

위쪽으로 별이 나오는 것이 아니라, 아래로 떨어져 있는 별이 나오는 것이므로 주의해야 한다.

반대로 위로 나온 별은 '석별형'이

세력주의 신 100법칙

라고 하며, 고가에서 주가가 금방 떨어진다.

양쪽 모두 매우 높은 확률로 주가의 고가, 저가를 암시한다.

이 신호가 나온 상황에서 주가 방향이 예상하는 방향으로 움직이지 않을 일은 없다고 봐도 좋다.

그 정도로 투자자 심리를 여실히 보여주는 차트인 것이다.

차트는 어느 정도 지나치게 과장이나 편차를 보일 수는 있지만, 대국적으로 보면 투자자의 사고방식을 정확하게 반영한다.

이런 사실을 알고 종목의 '매수, 매도' 타이밍을 판단하는 것이 현명하다.

58

'장악형', '감싸 안는 형'에서 저가의 견고함을 감지한다

저가에서 음봉이 나타났다. 다음 날에 양봉이 나왔을 때 음봉과 합쳐서 '아래꼬리 음봉'이 된다. 이것이 '저가 한계'를 알리는 신호다.

캔들은 하나만이 아니라, 두 개를 합쳐서 매매의 파워 관계를 읽을 수 있다.

장악형 혹은 감싸 안는 형이 왜 저가 한계와 상승의 신호가 되는 걸까?

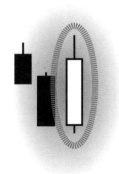

그 이유는 전날의 음봉을 다음 날의 양봉이 상쇄하기 때문이다.

전날의 음봉의 아랫부분을 양봉이 잘라 버린다.

즉 저가에서 매수가 들어오는 것이다.

저가가 한계에 도달했다는 신호로 작용한 것이다.

이것을 본 투자자는 '더는 내려가지 않겠

지'라고 생각하고, 상승을 예상해서 시장에 들어온다.

주식투자에서 무서운 것은 '하락세'다.

저가 한계, 즉 여기서부터는 내려가지 않는다고 생각하게 만드는 형태를 확인하면 상승을 예상하게 된다.

그러면 용기가 생겨난 투자자들이 시장에 참가한다. 그래서 거래량도 증가하게 된다.

주가가 올라가서 투자자의 주목을 받을 것이다.

그러면 주가는 더 위를 향하게 된다.

이런 흐름이 생기기 때문에 보유한 종목의 주가는 미실현 이익이 발생한 상태가 된다.

세력도 이런 종류의 차트를 연출해서 투자자의 매수를 유도한다.

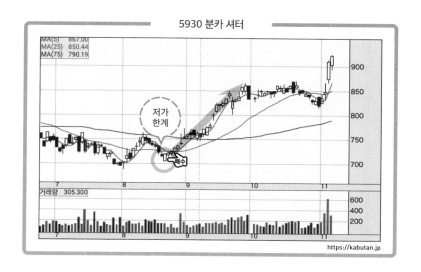

7장

10배 주의

냄새를

맡아라

성공한 사람이 뛰어난 이유는 대체로 특별한 재능이나 기회라는 혜택을 받아서가 아니다.
주변에 널려있는 기회를 키웠기 때문이다.
브루스 바튼(Bruce Barton)

모험이야말로 기회를 가져온다.
나폴레옹 보나파르트(Napoleon Bonaparte)

59

주가 이변을 알아차리기 위한 정보 수집

주가가 언제나 같은 곳에 있을 것이라 단정할 수 없다.

위로 아래로, 때로는 격렬하게 움직인다.

이런 '변동'이야말로 기회이다.

어떻게 움직일지 예측할 수 있다면 승률은 높아진다.

닛케이 평균지수나 뉴욕 다우존스 평균주가지수와 세력주의 움직임 사이에서는 그다지 연동성을 발견할 수 없다고 한다.

코로나로 전체적으로 비관적이었던 2020년 초에도 올라갈 주식은 올라갔다.

하지만 투자자금을 구별할 수 있는 것은 아니다.

만 엔짜리 지폐가 있다면, 어떤 때는 재료주에 투자하기도 하고, 어떤 때는 IPO 관련주에 투자하기도 한다.

마찬가지로 세력주에 투자할 수도 있다.

그러므로 세력이 보유한 다른 종목에서 큰 손해가 발생하는 상황이 되

세력주의 신 100법칙

면, 세력의 자금 사정이 나빠져서 세력주에 투입할 수 있는 자금도 적어지는 것이 일반적이다.

그러므로 뉴욕 주가가 폭락했거나 하면 세력주의 움직임에도 어느 정도는 영향을 줄 수 있다.

신용거래의 추가증거금을 지급해야 하는 투자자는 세력주에 자금을 충분히 사용할 수 없을 것이다.

돈이 나오는 곳은 같으므로, 어쩔 수 없는 것이다.

단, 한정된 자금이 움직임이 매력적인 세력주에 집중되기도 한다.

그러니 역시 뉴욕 주가 동향이나 닛케이 평균지수의 경향은 봐두는 것이 좋다.

전체 흐름이 플러스가 되었을 때는 자금 흐름이 좋으므로, 세력주에도 돈이 흘러들기 쉬워지기 때문이다.

반대로 전체가 폭락할 때는 신용거래의 추가증거금이 있으므로, 세력주에 자금을 넣기 힘들어진다.

그러니, 세력주가 기세 좋게 올라갈 때는 전체 시세도 좋은 상황에 있는 것은 당연하다.

전체가 나빠도 세력주에 들어오는 돈에는 변함이 없다는 하는 말은 엄밀히 말하자면 거짓말이라고 생각하길 바란다.

60

주가는 언제나 새로운 것을 좋아한다

주식에 넣을 수 있는 자금이 IPO 종목에 집중하듯이, 투자자는 '새로운 것'을 좋아한다.

많은 종목이 첫 주가가 성립한 후에 '이익 확정을 위한 움직임' 때문에 폭락하지만, 그래도 사람들은 새로운 기회에 도전한다.

그러므로 테마 종목에서 '작년에 뜨거웠으니까 올해도'라는 일은 있을 수 없다.

테마와 종목 모두 작년에 움직인 것은 이미 재료가 다 떨어진 것이다.

세력주도 작년에 움직인 것은 대체로 조용해진다.

아무리 훌륭한 재료가 나와도 소용없는 것이다.

주식은 '꿈'을 좇는다.

세력주도 새로운 것을 좋아한다. 새로운 꿈을 좇아서 돈이 모여든다.

2018년 IPO, 2019년 IPO, 2020년 IPO 순서로 돈이 돈다.

2020년 여름에는 전자상거래 회사인 BASE, 마쿠아케가 인기를 끌었다.

엄청난 기세로 주가가 올라가서 하루에 1,000엔, 1,500엔 오르는 일이 드물지 않았다.

불과 100주로도 다음날에는 15만 엔의 이익이 나기도 했다.

주가 움직임이 그만큼 엄청났었다.

인기가 집중된 종목이 된 것이다.

'본인이 잘 아는 종목으로 승부'한다는 식의 좁은 식견만 내세우면, 보물이 가득한 산이 있는데도 발굴 작업에 참여할 수 없다.

한심하지 않은가? 그러니 '무엇이 움직였는지', '무엇을 사들였는지' 정도는 항상 감시해야 한다.

거기에 반드시 세력주의 움직임을 보이는 종목이 있기 때문이다.

이런 것은 몇 가지 순위를 감시하는 것만으로도 충분히 알 수 있다.

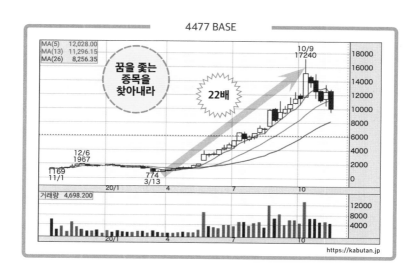

61

매매대금 순위는 보물이 가득한 산과 같다

돈이 되는 종목, 기회가 있는 종목은 '매매대금 순위' 속에 있다.

이것은 기본적인 내용이므로 명심하도록 하자.

주식 사이트에는 거래량 순위와 매매대금 순위, 그 밖에 주가 상승률·하락률 순위, 배당률 순위 등이 실린다.

물론 이외에도 마더즈의 순위, 도쿄증권거래소 1부 순위와 SNS 기능을 가진 매체의 게시판 투고 순위도 있다.

이런 순위들 가운데서 매매대금 순위(전체 시장)는 종목의 인기도, 매매가 활발한 종목을 살펴보기에 가장 좋다고 할 수 있다.

순위는 전체 시장 외에도 마더즈나 자스닥만으로 좁혀서 볼 수도 있다.

당연한 일이지만, 순위는 계속 변한다.

계속 보고 있으면 '새로운 얼굴'을 금방 알아볼 수 있다.

그렇다고는 해도 기본적으로는 소프트뱅크 그룹이나 토요타자동차, NTT도코모와 같이 시가총액이 큰, 그래서 세력이 노리지 않는 종목이 상위를 차지하므로, 그 순위 속에 나타나는 마더즈 등의 소형 종목을 주목하자.

새로운 트렌드의 종목이 얼마나 인기를 끄는지 알 수 있을 것이다.

인기 종목, 매매대금이 많은 종목을 노리는 것이 세력주의 정석이지만, 순위를 보고 있으면 새로운 종목을 쉽게 발견할 수 있으므로 열심히 하길 바란다.

어떤 날의 매매대금 순위(전체 시장)

[백만엔]

순위	코드	회사명	주가	전일비	%	매매대금
1	9984	소프트뱅크그룹	6,598	-150	-2.2	107,914
2	7974	닌텐도	51,840	-2,170	-4	104,230
3	7203	토요타자동차	7,450	183	2.5	46,876
4	6758	소니	9,009	89	1	42,621
5	8306	쓰비시 UFJ 파이낸셜그룹	459	14	3	37,357
6	9437	NTT 도코모*	3,879	-11	-0.3	34,561
7	9983	패스트리테일링	79,260	2,420	3.1	32,033
8	2413	엠쓰리	7,621	22	0.3	29,433
27	3659	넥슨재팬	2,552	-247	-8.8	15,908
33	6920	레이저테크	9,650	370	4	13,923
40	9697	캡콤	4,965	-305	-5.8	11,609
44	3681	브이큐브	2,283	100	4.6	11,096
52	6383	다이후쿠	11,400	60	0.5	9,218
54	6857	어드반테스트	6,650	170	2.6	9,113

*NTT의 완전 자회사가 되어 2020년 12월 25일에 상장 폐지됨

62

가격 상승 순위에서 발견할 수 있는 것

주식투자에서는 '기세'가 있는 종목에 올라타면 돈을 벌 기회가 많다.

주식투자에서 '추세 매매'가 이루어질 때는 가격이 상승세를 탄 국면이다.

그때 나타나는 눌림목은 이익 실현을 나타낸다.

주가가 기세 좋게 올라간 상황에서도 '눌림목'은 반드시 나타난다. 일봉에서도 일중봉에서도 눌림목을 확인할 수 있다.

주식투자를 할 때, 기세 좋게 올라가는 추세에 올라탄 다음, 가끔 눌려져서 하락하는 국면에서 착실하게 추가 매수하면, 원래 매수가 강한 성향을 보이므로 주가는 다시 올라간다.

그 타이밍을 잘 파악해서 매수하면 상당한 확률로 '미실현 이익'이 발생할 것이다.

가격 상승 순위에서는 '새로운 종목인지'를 주목하자.

언제나 순위에 있거나 전부터 가격이 오른 종목이 아니라 새롭게

세력주의 신 100법칙

가격이 오른 종목은 '갑자기 인기를 끈 세력주'일 가능성이 있기 때문이다.

다만, 거래량이 적은 종목은 주목할 필요가 없다.

어떤 날의 가격 상승률 순위

초저평가주는 새로운 종목이
아니라면 상태를 지켜본다

순위	코드	회사명		주가	전일비	%	거래량
1	6897	트윈버드공업	s	1,318	300	29.47	8,513,000
2	8789	핀테크글로벌		53	11	26.19	19,967,000
3	4055	T&S Inc		14,080	2,830	25.16	432,900
4	3985	테모나		1,505	291	23.97	582,900
5	4563	앙지에스 MG		1,295	247	23.57	16,264,300
6	5212	후지유리	s	2,115	400	23.32	930,400
7	6785	스즈키	s	861	150	21.10	404,500
8	8869	메이와 부동산	s	554	80	16.88	432,200
9	3097	모노가타리코퍼레이션		13,580	1,950	16.77	287,400
10	3830	기가프라이즈		1,880	270	16.77	80,100
11	7638	NEW ART HOLDINGS	s	750	100	15.38	344,500
12	9769	갓큐샤		1,237	162	15.07	128,500
13	3496	아즈무	s	7,950	1,000	14.39	132,800
14	2432	디엔에이		2,075	242	13.20	4,313,200
15	4445	리빙 테크놀로지		3,395	396	13.20	15,900

거래량이 적은 종목은
고려 대상이 아님

63

연초 신고가 경신 순위에서 기회를 찾을 수 있는 이유

주식투자는 상승 초동에서 들어가는 것이 이상적이지만, 좀처럼 그렇게 되지 않는 것이 현실이다.

그래서 누구라도 알고 있는 것이 '연초 후 고가', '상장 후 고가'를 살펴보는 것이다.

이 타이밍은 '너무 비싼 것이 아닐까'라고 생각하는 사람도 있을 것이다.

물론 신고가에서의 달성감 때문에 가격이 하락하는 종목도 있지만, '신고가'→'고가의 움직임이 가볍다'

이 원리가 상승을 가속하는 경우가 많다.

신고가에서는 그보다 비싼 가격으로 사서 '매도 대기'하는 투자자가 전혀 없다.

즉 고가에 대한 압박이 없는 상태이다.

여기서부터의 주가 기세는 갑자기 강해지거나 고가 기세가 증가하므로, 작전을 걸 절호의 타이밍이라 할 수 있다.

세력주의 신 100법칙

그래도 불안하다면 신고가를 기록한 종목의 그 후의 움직임을 추적해서 첫 눌림목을 노리는 것도 좋다.

세력주도 하강이나 보합세에서 상승하므로, 당연히 '새로운 주가를 기록한 주식'에는 들어가기가 쉬운 편이다.

'흠, 그런가'라며 느긋한 자세로 임하면 살아있는 말의 눈을 빼가는 주식 세계에서 살아남을 수 없다.

눈을 부릅뜨고 주가의 새로운 변동을 주목해야 한다.

거기에 찬스가 있기 때문이다.

어떤 날의 연초 고가 경신 순위

순위	코드	회사명	주가	전일비	%
1	3663	아트스파크홀딩스	2,360	380	19.19
2	3097	모노가타리코퍼레이션	13,550	1,920	16.51
3	3496	아즈무	7,950	1,000	14.39
4	2432	디엔에이	2,061	228	12.44
5	7717	브이테크놀로지	5,480	560	11.38
6	3611	맞추오카	2,570	250	10.78
7	6197	솔라스토	1,522	146	10.61
8	9099	C&F 프로즌로지스틱홀딩스	1,977	173	9.59
9	9536	사이부가스홀딩스	2,999	230	8.31
10	6420	후쿠시마공업	4,705	350	8.04
11	8097	산아이석유	1,231	90	7.89
12	6131	하마이산업	1,346	96	7.68
13	4350	메디칼시스템네트웍스	620	41	7.08
14	8439	센츄리리싱시스템	6,400	390	6.49
15	5011	니치레키	1,895	106	5.93

64

거래량 급증은 '신호'이다

세력이 움직이기 시작한 '신호'는 거래량에서 가장 먼저 나타난다.

'거래량 급증 순위'와 앞에서 소개한 '매매대금 순위'를 잘 관찰하여 하루에 5배, 10배나 거래량이 증가하며 깜짝 등장한 종목은 주의해야 한다.

물론 실적 발표나 신제품의 히트, 새로운 약의 동향 등으로 일시적인 인기를 얻어서 주가가 올라갈 수도 있다.

그런 일시적인 움직임을 보였어도 다음 날이 되면 다시 가격이 내려가므로, 조심해야 한다.

중요한 점은 거래량 증가가 계속해서 나타나는지다.

어제도 그제도 거래량이 증가했다면, 주가는 상승과 하락을 반복하며 서서히 위를 향해 올라간다는 것을 명심해야 한다.

세력의 움직임은 좀처럼 간파하기 어렵지만, 거래량은 데이터라서 숨길 수가 없다.

그 종목에서 얼마나 많은 투자자가 거래를 하고 있는지를 알 수 있는 '인기도'도 가시화할 수 있다.

이런 사실을 명심하고, 승부할 때 잘 이용하자.

단 '거래량' 순위이므로 상위에는 시가총액이 큰 종목뿐만 아니라, 초저평가주도 올라 있다. 며칠간 계속 보고 있으면 '이건 무시하고 봐야 한다'라는 요령을 터득할 수 있을 것이다.

어떤 날의 거래량 순위

순위	코드	회사명	주가	전일비	%	매매대금
1	8306	미쓰비시 UFJ 파이낸셜그룹	459	13.1	2.94	113,993,800
2	7647	온츠	31	1	3.33	102,842,300
3	4689	Z 홀딩스	614	0.4	0.07	42,839,000
4	5020	ENEOS 홀딩스	377	5	1.34	30,523,400
5	7201	닛산자동차	421	10.2	2.48	29,120,800
6	8918	랜드	9	-1	-10.00	25,249,400
9	8789	핀테크글로벌	52	10	23.81	22,086,800
11	4563	앙지에스 MG	1,296	248	23.66	18,039,100
13	4902	코니카미놀타	311	3	0.97	15,643,700
25	7167	메부키피난셜그룹	238	7	3.03	11,400,300
28	1605	국제석유개발제석	563	21	3.87	11,347,100
35	3659	넥슨재팬	2,555	-244	-8.72	8,674,100
36	6897	트윈버드공업	1,318	300	29.47	8,544,400
51	2586	프루타프루타	249	10	4.18	7,310,100

연일 급증하는지를 확인

65

투고·액세스
순위도
중요한 데이터다

Yahoo! 게시판 등의 순위도 중요한 데이터다.

주가를 올리려면 아무래도 '인기도'가 생명처럼 중요하기 때문이다.

투자자가 모이지 않으면 승부할 수가 없다.

'뭐야, 뭐야'라며 군중심리처럼 투자자가 모여야만 그 종목을 매수하는 사람이 늘어난다.

시세를 보는 관점은 다양하지만, 어떤 경우라도 '적당한 가격이라는 느낌'이 들어야 매수자가 모인다.

그런 움직임을 보면서 약간의 가격 변동을 활용해서 '초기 이익'을 손에 넣으면 된다.

종목 게시판은 거래량이 증가하고, 인기 종목이 되면 갑자기 투고나 댓글이 증가한다.

'이러쿵저러쿵'하며 떠들썩한 것이 즐거울지도 모르겠지만, 그 가운데서 그럴듯한 데이터나 투고도 볼 수 있다.

이것은 명백하게 세력이나 주가를 조종하고 싶어 하는 무리의 정보다.

긍정과 부정 양쪽 모두의 투고가 보이지만, 주가에 기세를 부여하고 싶을 때는 필자의 경험상, 긍정적인 투고가 증가한다고 할 수 있다.

주의해야 할 점은 '희망적인 관측을 하는 코멘트'다.

주가에 기세가 있을 때는 '10배 주', '더 간다' 등의 기고가 증가한다.

약간 약해지면 '아래에서 기다린다', '이 종목을 산다고?'라는 식의 부정적인 기고가 늘어난다.

이런 글은 전혀 참고할 것이 못 되므로 무시해야 한다.

참고해야 하는 것은 **투고수**다.

투고수만 참고해야 한다.

투고수의 증감을 보고 앞으로 들어가려는 개인투자자의 움직임을 읽을 수 있다.

들어가는 사람이 적으면 시세가 활기를 보이지 않기 때문이다.

66

인기 테마 순위를 항상 의식하자

2020년 가을에 이 책을 집필하는 시점에서 주식시장의 인기 테마는 다음과 같다.

1. 2020년 IPO
2. 디지털 트랜스포메이션
3. 사이버보안
4. 아웃도어
5. 전자상거래
6. 집에 머무름
7. 게임 관련
8. 5G
9. 2019년 IPO
10. 인공지능

아래 순위에는 원격근무, 반도체, 원격의료, 코로나19, 금 등이 있는데, 얼마 전까지 상위 5위 안에 있던 테마가 아래로 밀려났다.

인기 테마에 올라타고 싶을 것이고, 새로운 종목을 발견하고 싶을 것이다.

그것을 실천하는 가장 손쉬운 방법이 'kabutan.jp'나 증권회사 사이트 등에서 '○○ 관련 종목'으로 검색하는 것이다.

예를 들어 '불임 치료 관련 종목', '도장문화 탈피 종목' 등과 같이 불확실한 정보라도 관련 종목을 표시해 준다.

그러므로 이제부터는 어떤 새로운 테마가 나오더라도, 간단히 관련 종목을 찾고 시의성 있는 종목을 주목할 수 있을 것이다.

아직 움직임이 없는 종목이야말로 노려볼 만하다.

찍어두고 있다가 조짐이 보일 때 초동에서 잡을 수 있다면, 상승장에서 이익을 맛볼 수 있을 것이다.

관심 대상은 계속 변화해서 진부해지기도 한다.

앞으로도 항상 새로운 테마가 나오고 그 관련주가 무척이나 새로운 테마인 것처럼 인기를 얻을 것이다.

2021년의 큰 테마는 '환경 관련', '재생 에너지 관련'이라고 생각한다.

이런 분야에서 기대할만한 새로운 별이 나타나는 것을 앞서가서 기다리자.

67

흐름은 뉴욕에 있다

모든 움직임은 지금도 뉴욕에 있다.

이것이 진리다.

GAFA라고 불리는 탁월한 기업의 존재와 주가는 전 세계에서 지표로 작용한다.

GAFA는 유명한 Google(을 가지고 있는 Alphabet), Apple, Facebook, Amazon의 머리글자를 따서 만든 표현이다. 이 회사들은 미국 출신의 세계적인 기업들이다.

The Four라고 불리기도 하며, 각 기업이 IT 산업에서 압도적인 시장 점유율을 자랑한다.

인터넷은 미국의 군사기술에서 출발했다.

개인용 컴퓨터의 성장은 Windows의 공이 크다.

요즘 사람들은 AI(인공지능)에 관해 이야기한다.

지금은 기술혁신에 가속도가 붙은 상황이다.

그래서 앞으로는 더 치열해질 것이다.

미국에서 일어나는 하이테크의 움직임을 눈을 부릅뜨고 지켜봐야 한다.

왜냐하면 하이테크, AI, DX(디지털 트랜스포메이션)와 관련 있는 세력주가 얼마든지 나올 수 있기 때문이다.

펀드, 개인투자자가 새로운 테마의 종목에 모이듯이 '세력'도 그 새로운 테마에 작전을 건다.

이것은 당연한 일이다.

하이테크 혁신이 잇달아 밀려온다.

그 흐름을 무시해서는 안 되며, 새로운 움직임을 알고 올라타는 사람만이 그 흐름을 이길 수 있게 되어있다.

거기에 세력이 숨어 있는 것이다.

주식시장은 재빨리 호재에 올라탄 사람만이 이기게 되어 있다.

68

게임주는 항상 세력의 타깃이다

시장과 세력이 주목하는 테마는 계속 변하지만, 게임주만은 언제나 세력주, 인기 종목에 들어있다.

이상한 일이긴 하지만, 그만큼 젊은 세대의 중심에 있는 흥미의 대상이기 때문일 것이다.

흥미가 없는 것은 테마가 되기 어렵다.

게임주가 진부해질 일은 없다.

젊다는 것은 사람이 태어나서 성장하는 과정에 반드시 들어있으므로, 계속해서 새로운 젊은 사람이 등장한다.

거기에 맞춰서 젊은 사람이 빠져드는 새로운 '게임'이 계속 등장한다.

순위도 계속 변화한다.

인기 게임이 되고, 실적 전망이 좋아지면 개발 회사의 주가는 올라간다.

그러므로 상위 10위 안에 있는 '인기 게임'의 움직임은 주가의 움직임이기도 하다.

세력주의 신 100법칙

이렇게 알기 쉬운 주가의 움직임이 또 있을까?

일반적인 기업은 실적 상승, 즉 사업이 성장하면 주가가 올라간다.

게임주의 실적은 게임 다운로드 수에 비례한다.

이렇게 알기 쉬운 세계에는 세력주도 암약하고 있다.

최근의 게임 관련 세력주 중에서는 케이브(3760)가 알기 쉽다.

한때 인기 종목이 되어서 마쓰이 증권이 대량으로 보유하고 있다
는 보고서도 나왔다. 그야말로 인기가 인기를 불러서 2020년 8월 말
에는 최고가를 기록했다.

하지만, 그 후에는 '재료가 다 떨어져서'인지 세력도 빠져나간 듯하
고, 주가는 급락했다. '게임' 관련 세력주는 타이밍이 중요하다는 것
을 알려주는 좋은 사례이다.

8장

리스크를
관리하여
이긴다

실패했을 때 어떤 태도를 보이는지가 실패한 후에 가장 중요한 부분이다.

사쿠라이 쇼이치(櫻井章一)

리스크로부터 도망치지 않고, 리스크를 최소한으로 억제할 궁리를 한다.

리처드 브랜슨(Richard Branson)

69

작전을 걸 때는
패배도
각오하라

세력주로 승부할 때 가장 주의해야 할 것은 세력주는 '수익'을 보장하지 않는다는 것이다.

당연히 '버는 사람이 있으면 손해를 보는 사람도 있다.'

이런 '제로섬' 게임 속에서 건실하게 수익을 확보하려면 실패할 수도 있다는 각오로 임하는 것이 중요하다.

주식을 하면 누구나 알게 되지만, 주식투자에는 '의외로 잘 된다'와 '예상외의 가격 변동이 있어서 결과적으로는 손실이 발생했다'라는 두 가지 방향이 있다.

중요한 것은 '잘 안 되었을' 때 재빨리 철수하는 결단력이다.

상처가 작을 때에 주식을 털어버리면 다음 기회를 준비할 수 있다.

세력주는 '일찍 사면 반드시 돈을 번다'라고 보장된 것이 아니다.

세력도 실패하기도 할 정도인데, 하물며 개인투자자는 '이거다'라며 타깃 종목에 올라타도 이익이 줄어들거나 큰 손해를 보기도 한다.

그럴 때는 '곧 오를 거다'라는 낙관주의를 버리고, 현금화해서 다음 기회를 노리는 '결단', '전환', '재기'의 자세가 중요하다.

물론 잘됐을 때는 조금씩 팔면서 마지막 단계의 이익 실현 주식을 유지해서 큰 이익을 얻는 기술이 중요하다.

실패 횟수가 많아도 적은 기회에서 크게 벌면 된다.

이런 자세가 세력주에서 이기기 위한 중요한 기술이며 매매 방법이다.

항상 반대 움직임을 생각하며 투자에 임해야 한다. 이렇게 용의주도한 자세야말로 중요한 '위기관리'이다.

절대로 '낙관주의', '희망적 관측 일변도'는 피해야 한다.

주식시장의 전투에서는 모든 상황을 생각해서 어떤 국면에서도 큰 상처를 입지 않도록 주의해야 한다.

'퇴로를 끊고 싸운다'는 생각 따위는 진짜 어리석은 것이다.

주식시장에서는 처음부터 '패배'도 생각하고 유연하게 임하는 작전이 필요하다.

70

크게 버는 기회는 리스크도 크다는 것을 명심한다

반복해서 얘기하지만, 주식투자는 어디까지나 '확률의 문제'다.

신중하게 주가 차트와 거래량을 보고 '이것은 틀림없다', '초동이다'라고 확신했을 때는 어느 정도 많은 양의 주식을 여러 번에 나눠서 '눌림목에서 매수'한다.

유리하게 사들이면 하락장에서 손실을 볼 가능성을 줄임과 동시에 상승장에서 얻는 이익폭이 커진다.

이 사실이 중요하다.

하지만 많은 투자자가 꼭 이런 '정석'을 따르지는 않는다.

아주 작은 정보만으로 뛰어들며 매수하는 경우가 대부분이다.

이렇게 되면 고점에서 많은 주식을 매수하게 되므로 급락 시에 손해가 엄청나게 된다.

크게 작전을 거는 타이밍에서 실수하면 큰 타격을 입는다.

물론 작은 단위로 도전하면 '이익도 손해도 적다' 설령 결과적으로

'10배 주'를 손에 넣어도 작은 도전으로는 큰 성과를 거둘 수 없다.

그래서 크게 벌기 위해 유리한 단계에서 많은 주식을 사들이지만, 타이밍을 신중하게 잡아야만 한다.

몇 번이고 말하지만, 크게 도전해서 크게 이익을 얻을 수 있는 것은 초동에 들어갔을 때뿐이다.

어중간한 주가에서 대량 매수해서는 안 된다.

잘됐을 때도 방심하지 말고, 강렬한 상승장에서는 조금씩 이익을 실현하면서 이익을 늘려가야 한다.

그러다가 세력주에서 자주 볼 수 있는 '마지막 급등' 국면에서 가지고 있는 '주식'으로 큰 이익을 얻어야 한다.

이것이야말로 높은 확률로 이익을 얻기 위한 법칙이다.

모두가 '아직 더 오른다', '아직이다'라는 분위기일 때, 냉정하게 이익을 실현하자.

그런 냉정함이 필요하다.

어중간한 때 많은 주식을 가지고 있으면, 후에 예측하지 못한 하락장을 만날 확률이 높아지므로 부디 주의하길 바란다.

71

격렬하게 움직이지만, 세력주는 도박이 아니다

세력주라고 하면 왠지 모르게 '수상쩍다', '위험하다'라는 인상이 있지만, 사실은 꼭 그런 것만은 아니다.

세력주는 신중하고 현명하게 매수하여 완성해 가는 것이라 주가 형성 방식으로서는 비교적 논리적이다.

앞서 언급한 바와 같이 세력은 '매입', '식히기', '끌어올리기', '개미 털기'를 진행한다.

이런 세력주만의 '움직임 특징', '습성'을 머리에 집어넣고 트레이딩한다면 그렇게 어려울 것도 없다.

물론 매입 단계에서 정보를 얻을 수 있으면 더할 나위 없이 좋을 것이다.

내가 알고 있는 일부 트레이더에게는 그런 정보가 모이는 것 같은데, 그 정보를 살지 말지는 자기 책임이다.

최종적으로는 자기 판단으로 매매 타이밍, 투자 행동을 결정해야 한다.

투자에는 '매수'뿐만 아니라, '매도' 즉, 이익 실현도 있다.

기껏 유리하게 매입했다고 해도 이익 실현 타이밍을 틀리면 미실현 이익은 그야말로 '그림의 떡'이 된다.

그렇게 되면 무슨 목적으로 주식을 매입했는지 알 수 없게 된다.

그러므로 매수 적기를 직접 결정하고, 매도 적기도 직접 설정하는 '자립형' 투자가 필요하다.

세력주에는 도중에 '개미털기'로 인한 하락도 있다.

이 타이밍에서는 '비교적 저렴한 가격으로 매입한다.'

이렇게만 할 수 있다면 위험한 주식을 보유하게 될 일은 없어진다.

현명하게 세력의 특징을 파악해서 매입하고, 영리하게 이익을 실현한다.

이를 위해 처음부터 타이밍은 설계해 둔다.

이것이 세력주로 큰 이익을 얻기 위해 중요한 노하우, 기술이다.

세력주는 이성적으로 두뇌를 사용하여 호시탐탐 도전하고, 이익을 실현하는 것이 중요하다.

그러려면 꼼꼼하게 준비와 계획하는 것이 반드시 필요하다.

72

때로는 '큰 해프닝'을 받아들이는 것도 중요하다

주가는 '크게 위로 올라가는' 일도 있지만, 폭락에 가까운 움직임을 보이는 일도 있다.

주가는 어디까지나 수요와 공급에 따라 움직이므로 예상 밖의 움직임을 보이기도 한다.

그래서 '이거다'라고 타깃으로 정한 종목이 외부 환경이나 어쩌다 발생한 수요 공급의 불균형으로 격하게 하락했을 때 '이것은 기회다'라고 생각해서 영리하게 주식을 사들이는 것이 중요하다. 즉 주식을 주울 수 있어야 한다.

모처럼의 우발적 사건으로 '비교적 저렴'하게 손에 넣을 수 있는데도 '허둥대며 매도'해 버리는 것은 아깝다.

의도적으로 움직이는 종목의 급락은 '기회'다.

착실하게 수집해서 주식 수를 늘리는 타이밍인 것이다.

세력주는 전체 시장이 크게 무너져도 의외로 '동반 하락'하지는 않는 법이다.

이것이 세력주의 매력이기도 하다.

어느 쪽인가 하면 '유아독존'과 같은 움직임을 보이기 때문에 세계적인 위기 상황이 고조되어도 놀라지 않아도 된다.

세력주는 내려갔을 때 매입하는 것이 기본이다.

매입한 후에는 '더 내려가지 않을까'하는 정도의 마음가짐으로 임하는 편이 일이 잘 풀린다.

세력주가 급락하는 것은 어느 정도 상승한 후의 '개미털기' 상황 외에는 없다.

단, 초동의 주가보다도 저가가 아니라면 매입해서는 안 된다.

어중간한 상황에서 매입하는 것은 세력계 종목에서는 절대로 해서는 안 될 일이다.

초동에서 매입한 주식은 상승 도중에 하락하더라도 손실이 나지는 않는다.

그러므로 그런 주가 흔들림은 무시하는 것이 좋다.

저가, 초동에 매입한 주식의 우수한 점은 어느 정도 주가의 흔들림에 대해서도 보유 종목에 영향이 없다는 것이다.

이런 시점으로 보는 것은 매우 중요하다.

73

투자자금은 각자 형편에 맞게 정한다

유동성이 높은 습성을 가지는 세력주에는 '이 돈이 없으면 생활할 수 없게 된다'거나 '예정이 잡힌 돈이라 기한이 있다'는 자금까지 투입해서는 안 된다.

아이의 진학자금까지 손을 대서 날려버리면 평생 원망을 듣게 될 것이다.

세력주로 이기려면 '자금 여유'가 매우 중요하다.

예를 들면, 차트는 상승하는데 순간적으로 하락하는 상황은 얼마든지 있다.

그렇게 되면 증권회사의 본인 계좌에는 미실현 이익이 급감한다.

이때, 자금에 여유가 없다면 '얼른 이익을 실현해야 한다'라며 허둥대게 된다.

이와 달리 자금에 여유가 있다면 '저가에 있다면 매수하고 싶다'는 마음을 가질 수 있으므로, 일시적인 미실현 이익은 신경 쓰지 않게 된다.

세력주의 신 100법칙

상승세인 종목에서는 '일시적인 개미털기', '추종 매수의 철수'가 호재로 작용한다.

즉, 일시적인 급락은 세력주 투자에서 '호재'인 것이다.

그 타이밍에서 당황하면, 큰 고가를 노릴 수 없다.

급격하게 변하는 세력주는 상승과 하락 모두 격한 것이 특징이므로, 그것을 극복하고 높은 지점에 오른 주가를 향유하는 심리적 안정이 중요하다.

무리한 자금 투입은 결코 플러스로 작용하지 않는다.

자신의 형편을 생각해서 무리가 아닌 자금을 투입해야 한다.

결과적으로는 이렇게 하는 것이 좋다.

투자 성적을 경쟁해 보았더니 가장 성적이 좋았던 것은 주식을 보유하지 않았던 사람이었다는 우스갯소리도 있지만, 정말로 그런 일이 생기면 무엇 때문에 '두근두근, 콩닥콩닥'하는 투자를 했는지 알 수가 없다.

차분하게 굳건한 마음으로 투자를 하려면 자신의 자금력에 맞는 금액으로 승부를 걸기 바란다.

74

다른 사람 의견에 의지해도 될 만큼 주식시장은 간단하지 않다

주식투자 서적 집필과 함께 트위터도 하고 있는데, 팔로워에게서 여러 코멘트를 받았다.

힘을 실어주는 것도 많았지만, 문제는 '○○종목은 사야 할까요?', '△△는 더 올라갈까요?'와 같은 질문들이다.

분명하게 말하지만, '답할 방법이 없다' 그리고 '답할 마음도 없다'

당연한 일이지만, 주식투자에서 '언제 사고 언제 파는지'는 투자자 본인의 판단 영역에 속한다. 손해도 이익도 자신의 돈으로 위험을 감수하는 한, '매매 타이밍'은 전부 자신이 결정해야 한다.

게다가 주가 움직임에 100%라는 확률은 없다.

'대체로 이렇게 되겠지'라는 관측이 있더라도, 그 내용을 만난 적도 없는 모르는 사람에게 말하는 것에는 상당한 저항감을 느낀다.

게다가 손해가 나도 '책임을 질 수 없는 일'이다.

반대로 큰 이익이 발생해도 기껏해야 '감사합니다'라는 말을 들을 뿐, '보수를 드리겠습니다'라고 하는 사람은 틀림없이 '제로'일 것이다.

나도 사무소를 가지고 전화와 대면을 통해 다양한 상담에 응하던 시절이 있었다. 하지만 '잘 되는 것이 당연'하다고 생각하는 사람들이 많아서 정말 난처했다.

'어떻게 이익을 얻을까', '어떻게 하면 적은 수고로 좋은 결과를 얻을까'라는 자세로 일관하며 돈에만 집착하는 사람들의 실태를 오래 봐왔기 때문에 '돈벌이의 판단은 본인이 직접'이라는 식으로 차갑게 대응하고 있다.

단, 이 책은 '책값에 걸맞은 내용'으로 책임을 져야 하므로 신경 써서 집필했다.

귀가 아플지도 모르겠지만, 독자 여러분이 자기 책임으로 확실하게 이익을 얻을 수 있는 투자자가 되기를 바라는 마음에서 드리는 말씀이다. 여러분의 성장을 기대한다.

75

세력주로 얻은 경험은
훗날을 위한
밑거름이 된다

분명히 말해서 개인투자자가 누구의 손도 빌리지 않고 '세력주에서 항상 승리'할 가능성은 적다.

왜냐하면, 세력이 주식투자를 하는 가장 큰 목적이 '개인투자자의 자산을 뺏어서 이익을 올리는 것'이기 때문이다.

아무리 자금이 있는 세력이라도 금융기관, 연금자금, 외국의 펀드 등의 '프로 투자가'로부터 돈을 뺏는 것은 간단한 일이 아니다.

그래서 개인투자자, 그중에서도 경험이 적거나 '서투른' 투자자가 '고점을 잡게 만들어서' 돈을 뺏는 것이다.

작년부터 주식투자를 시작했다거나, 코로나19로 집에서 근무하게 되어 지난달부터 주식투자를 시작한 사람들의 가장 큰 약점은 '경험 부족'이다.

세력주로 이익을 얻으려면 '굳건한 정신력', '적의 속셈을 읽는 두뇌'가 필요하다.

그것들을 구축하기 위해 이 책을 쓰고 있지만, '가격을 떨어뜨렸

군’, ‘끌어올리려고 하는군’, ‘이익 실현하는군’, ‘빠져나갔네’라는 식
으로 단계마다 세력의 움직임을 실시간으로 ‘간파’하는 것은 책상 위
의 지식만으로는 어려우며, 역시 어느 정도의 경험이 있어야만 한다.

개인투자자는 프로가 아니고, 자금도 제한되어 있으므로, 모든 상
황에서 대응할 수는 없다.

그러므로 세력주 투자에서 결과를 내려면 어느 정도의 실패를 통해 ‘경
험치’를 쌓는 것이 필요하다고 생각하길 바란다.

‘아무래도 잘 안되네’, ‘그만둘까’라는 생각으로 투자를 그만두면,
순수한 손해로 끝내게 될 것이다. 하지만 ‘배로 갚아주겠다’라는 기개
를 가지고, 실패 경험을 밑거름으로 삼아서 도전하는 의지가 있다면,
다음의 성공으로 이어질 것이다.

결과나 성과가 좋지 않아도 다음 기회를 위한 ‘준비운동’ 정도로만
생각하고, 포기하지 말고 적극적으로 도전하길 바란다.

76

철수하는 용기가 상처를 얕게 만든다

이미 언급했지만, 아무리 세력주를 운용하는 '세력의 핵심'이라도 주가 조종에 실패하기도 한다.

왜냐하면 개인투자자를 잘 조종할 수 없다거나, 도중에 큰 방해가 들어오거나 해서 주가 형성, 차트 작성에서 실패하기 때문이다.

그럴 때는 당연한 이야기지만, 같은 종목에 들어와 있는 개인투자자도 '10배 주'는 고사하고 미미한 이익만으로 철수해야만 한다.

올라갈 것 같은데 올라가지 않고, 오히려 급락하는 상황이 계속되면, 개인투자자로부터도 버림받아서 세력도 큰 이익을 얻지 못한 채 빠져나가게 된다.

이런 움직임은 주가 움직임을 관찰하면 알 수 있다.

차트의 형태로도 알 수 있다.

그러므로 '이것은 좋은 형태가 아니다', '고가가 지나치게 무겁다' 라고 느꼈을 때는 개인투자자도 상처가 커지기 전에 '철수', '손절매'

세력주의 신 100법칙

하기를 권하고 싶다.

원래 생각이나 의도를 가지고 가격을 끌어올린 종목이다.

움직이고 나서 주가가 2배, 3배가 된 후에 급락하는 일은 드물지 않지만, 거기서부터 상승하는 기세가 좋지 않고, 보합세에 머무를 때는 세력이 빠져나갔거나, 세력 집단 내부가 통제되지 않고 있을 가능성이 크므로 조심해야 한다.

세력주 성공 사례를 보면, 올라갈 때는 단숨에 10배 주로 성장하는 경우가 많다.

그런 움직임은 보고 있으면 알 수 있다.

주가가 꾸물거리기 시작하면 '위험하다는 신호'이므로, '빠질 때'를 현명하게 판단하는 것이 중요하다.

세력주로 큰 이익을 얻으려면 '대실패', '큰 손해'를 하지 않아야 한다.

큰 손해가 나버리면 만회하려고 시간을 써야 하고, 기력도 필요하다.

투자에 대한 사고방식도 부정적으로 바뀌기 쉬우므로 '깊은 추격'이나 '거대한 손실'은 절대로 방치해서는 안 된다.

이것만큼은 세력주를 다루는 투자 스타일로 머릿속에 담아두어야 한다.

77

2승 8패라도
크게 버는 구조를
만들어야 한다

세력주에서의 성공은 이익을 얻은 횟수가 아니다.

벌어들인 양이 중요하다.

9승 1패라도 작게 아홉 번 벌고 크게 한 번 잃으면 전체적으로는 돈을 번 게 아니다.

세력주에 도전해서 성공할 수 있는 것은 다음과 같은 경우다.

- 초동에 주식을 대량으로 확보했다
- 차트가 깨끗해서 인기 종목화에 가속이 붙었다
- 종목에 대한 재료가 적시에 등장해서 큰 주목을 끌었다
- 전체 시장 환경이 양호했다
- 뜻밖의 추종 소식이 주가 상승을 도와줬다

예를 들면, 2020년 봄의 마스크 관련 종목은 감염증에 대한 공포, 마스크의 극단적인 부족 등이 배경으로 작용하여, 관련 종목을 움직

인 세력은 주가 형성 측면에서 매우 큰 열매를 얻었다. 그 이후는 온라인 진료, 원격근무, 디지털 혁명 등의 종목이 도전하기 쉽고 성공하기도 쉬웠다.

iPhone12가 발매되면서 더 가속도가 붙은 5G 관련 소형주도 앞으로 크게 성장하여 10배 주가 될 수도 있을 것이다.

이런 사회적 배경, 시의성의 도움을 받아서 '필연적으로' 대박이 나는 세력주를 주목하여 과감하게 도전해야 한다.

물론 전부 성공할 리는 없지만, 도전하는 가운데 뜻밖의 결과를 얻을 기회가 반드시 찾아올 것이다.

성공을 100% 보장하는 세력주는 없다.

세력주의 세계는 혹독하다.

하지만 적극적으로 도전하는 가운데 '대성공'을 거두고 '억 단위 수익을 올리는 트레이더'가 될 기회가 찾아온다.

10%, 20%의 기회를 살려서 이겨나간다.

'세력주' 세계에서는 이런 집념이 필요하다.

78

세력주에서 승리하는
'잘 빠져나가는 투자자'의
'역지정가'

세력주 투자에서는 '지지 않는다', '작게 손절매'라고 이야기했지만, 이것을 실천하는 현명한 방법이 '역지정가' 설정이다.

보통은 얼마에 사서 얼마에 판다고 지정하는 것을 지정가라고 하는데, 이렇게 지정하는 이유는 가능한 한 저렴하게 사서 유리하게 팔기 위해서다.

하지만 '유리하게'라는 계획은 예측한 가격 움직임이 벌어질 때나 해당하는 것이며, 어떤 종목을 가지고 있을 때 반드시 '미실현 이익'이 순조롭게 증가하는 것만은 아니다.

시장 흐름이 나쁘다거나, 뜻밖의 큰 매도 주문이 나오거나 하면 초기 이익이 늘어나지 않고, 손해가 늘어나기도 한다.

나는 과거에 저평가된 보안 종목으로 큰 미실현 이익을 거둔 적이 있는데, 우연히 취소할 수 없는 회식 자리에 있는 동안에 '하한가'로 전락한 적이 있다.

다행히도 '여기까지 내려가면 판다'라는 '역지정가' 설정을 해뒀기 때문에 손해를 보지 않은 상황에서 손을 털 수 있었다.

그 종목은 그때의 강력한 불과 1회의 매도로 인한 급락 트라우마 때문인지, 이후로도 계속 하락해서 하락세에 들어가 버렸다.

많은 평론가와 전문가가 '노리는 주식'으로 추천해도 '예기치 않은' 매도 주식 영향으로 흐름이 완전히 달라진다.

아무리 훌륭한 흐름과 차트라고 해도 많은 주식을 가진 일부의 '모반'과 같은 매도가 나오면 시세 시나리오는 완전히 무너지는 법이다.

특히 소형 세력주에서는 이런 주가의 움직임은 충분히 있을 법하므로 '시나리오 붕괴'에 대비하는 거래를 부지런히 설정해 두는 것이 좋다.

주가변동에 대한 완벽한 예측은 어려우므로, 그런 상황에 대비하는 '위기관리'가 종합적인 투자 효율을 높여 줄 수 있다.

위기관리를 소홀히 한 트레이더는 열쇠를 채우지 않고 외출한 것과 같으므로, 무슨 일이 생길지 알 수 없다.

도둑이 들 확률도 높아질 것이다. 그러므로 준비해서 만약의 사태에 대비해야 한다.

시세의 급변을 항상 예측하고, 최악의 상황에 대비하는 것이 정석이다.

9장

세력주
데이트레이딩

신속하게 결단하고 행동할 수 있도록 훈련해두는 것을 누구나 명심해야 한다.

찰스 캐롤 에버렛(Charles Carroll Everett)

자본주의의 결점은 행운을 불평등하게 분배하는 것이고,
사회주의의 장점은 불행을 평등하게 분배하는 것이다.

윈스턴 처칠(Winston Churchill)

79

첫 주문
성립가에
뛰어들지 말 것

세력주는 가격이 크게 움직이므로 그날 중에 거래를 완결하는 형태로도 어느 정도 이익을 기대할 수 있다.

주식거래에서 가장 좋은 것은 눈앞의 이익을 그때그때 실현하는 것이다.

앞으로의 주가는 아무도 모르므로, 이익이 있는 동안에 기세가 좋을 때 이익을 실현하는 것이 현명하다.

세력주든 뭐든 다 그렇지만, 주가는 변동이 심해서 가능한 한 유리한 조건으로 매입하는 것이 좋다.

무조건 아침 개장 직후에 매입하겠다고 생각하지 말고, '내려가면 매입'하는 과정을 반복하는 것이 좋다.

물론 인기 종목, 상승세인 종목에만 해당하는 이야기다.

하루의 움직임이 상승하기만 하는 것도 있지만, 대체로 '올랐다가 내려갔다가'를 반복하기 쉽다.

이런 움직임을 능숙하게 활용해서 매매하는 것이 현명한 방법이다.

주가가 플러스라고 무조건 이익이 발생하는 것은 아니다.

매수한 수준보다 주가가 위에 있어야 미실현 이익이 생긴다.

반대로 매수 수준보다 주가가 아래에 있으면 손해가 나는 것이다.

지극히 단순하고 당연한 이야기다.

그러므로 항상 '가능한 한 싸게' 매입하는 것이 현명한 주식거래의 원칙이다.

원하니까 언제든지 사고 싶다는 자세로는 거래에서 실패하기 쉽다.

주식거래는 냉정하고 전략적으로 하는 것이 성공으로 가는 길이다.

80

하루 동안의
주가변동폭과 습성을
파악하라

주식이 모두 같은 움직임을 보이는 것은 아니다.

종목에 따라 다양한 개성이 있다. 부동주의 비율, 시가총액, 신흥시장인지 거래소 1부인지 등 다양한 특징을 가진다.

종목들이 가지는 '개성'에 따라 움직이는 방식이 달라진다.

게다가 그 종목에 들어와 있는 투자자 등도 다양한 특징을 가진다.

물론 과거의 주가 움직임을 참고해서 정석을 만들었으므로, 어느 정도는 '이렇게 되면 다음에는 이렇게 된다'라고 하는 변칙성도 확인할 수 있다. 종목에 관여한 많은 투자자가 과거 경험치를 보면서 시장에 들어왔으므로 아무래도 주가변동은 그 영향을 받기 쉽다.

이번 사례의 종목은 일봉을 보면 알 수 있듯이, 상승할 때는 양봉이 이어지는 경향이 있다. 이 경우에는 작은 단위로 이익을 실현하거나 상승을 따라가는 것이 좋다. 큰 음봉이 나타나면 빠져나가야 한다는 것을 명심하자.

세력주의 신 100법칙

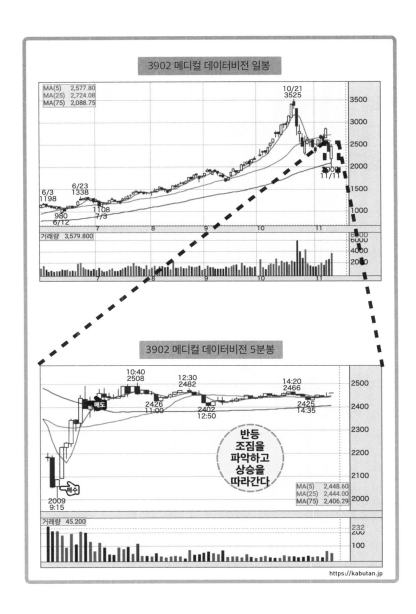

https://kabutan.jp

81

폐장 무렵에 매수되는 종목은 강하다

하루의 움직임을 봤을 때, 폐장 무렵에 갑자기 대량 매수 주문이 증가해서 주가가 쑥 올라가는 경향을 보이는 종목은 강한 종목이며, 주가가 상승하는 경향이 있다.

폐장 무렵에 매수하고 싶다는 생각이 드는 종목은 '다음 날에 다른 투자자가 매수할 수도 있다'는 기대감이 있기 때문이다.

그래서 미리 매수하는 것이 폐장 무렵의 현재가 매수 주문이다.

그러므로 호가창을 봐둬야 한다.

실시간으로 호가창을 확인할 수 없는 투자자라면 밤중에라도 좋으니까, 그날의 호가창이 어떻게 끝났는지는 언제라도 '체결가'로 확인할 수 있으므로 봐두자.

주식투자에서는 유용한 정보를 가진 쪽이 이긴다.

주식은 감으로 이길 수 있는 쉬운 세계가 아니다.

'왜 폐장 무렵에 대량으로 매수할까'를 추측해 봐야 한다.

가설을 세우고, 정보를 조사해서 본인이 이해할 수 있게 충분히 준비해야 한다.

이런 과정이 뒷받침해 주는 순간순간의 적확한 판단이 주식투자를 성공으로 안내한다.

물론 어떤 뉴스가 영향을 줄 때는 별도로 생각해야 한다.

뉴스를 보고 주식에 달려들면, 그것을 능가하는 뉴스가 없는 한 그 주가는 더 올라가지 않는다. 이 사실에 주의해야 한다.

결산 시즌이 되면 사전에 정보를 입수한 세력이 미리 주식을 사들였을 가능성이 크므로, 그런 상황을 예측하는 것도 중요하다.

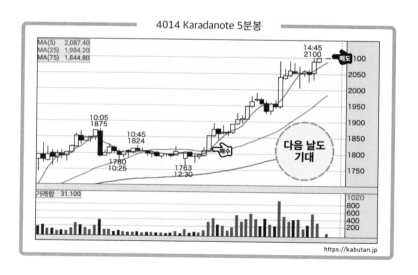

4014 Karadanote 5분봉

82

아침 개장 직후의
GU와 GD 움직임을
조심하라

종목을 습성에 따라 나눠보면, 아침 개장 직후에 강해서 높은 가격에서 시작하는 종목, 이와 반대로 싸게 시작하는 종목이 있다.

GU(갭 업)은 전날 종가보다 높게 시작하는 종목으로 인기 종목에 해당한다.

이런 종목에는 '오늘은 벌 거야'라는 생각이 눈에 보이는 매수가 모여든다.

인기 종목의 일반적인 움직임 습성인 것이다.

반대로 GD(갭 다운)은 전일 종가보다 낮게 시작하는 종목으로 뉴욕 주가 하락의 영향을 받아서 매도가 몰리는 경향이 있다.

그렇지만 아침 개장 직후에 매도된 후에는 '적당한 가격'이라는 생각에서 다시 매수하게 되기 쉬워서 주가가 슬금슬금 올라가기 쉽다.

그러므로 종목에 따른 습성을 파악해 두는 것이 중요하다.

그림과 같은 5분봉 차트가 되기 쉬운 것이 아침에 높게 시작해서 이익 실현 주문이 나오는 경우다.

세력주의 신 100법칙

이런 종목은 아침 개장 직후에 빠지는 편이 좋다. 주가가 떨어진 때는 매수 타이밍이다.

운동경기든 장기든 상대의 속셈을 습관 등을 통해서 파악할 수 있다면, 대항하기 쉬워져서 능숙하게 행동할 수 있다.

주식투자에서도 '매수와 매도'를 통해 시세가 성립한다.

그런 시세를 만드는 사람들의 사고방식, 심리상태를 정확하게 파악한 투자자가 이길 가능성은 매우 크다.

즉, 주식시장도 심리전인 것이다.

그러므로 '이렇게 되면 저렇게 된다'와 같은 사전 예상을 아는 사람이 유리해진다.

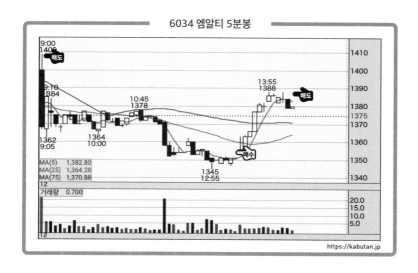

6034 엠알티 5분봉

10장

기관투자가와

싸우는

방법

적으로부터 배울 필요가 있다는 점에서 학습에는 어느 정도 위험이 따른다.

레온 트로츠키(Leon Trotsky)

인간은 위장과 허위와 위선 덩어리일 뿐이다. 자신뿐만 아니라,
다른 사람에 대해서도 마찬가지다.

파스칼(Pascal)

83

주식 등급 평가, 목표 주가는 조작 그 자체다

주가를 의도적으로 움직여서 이익을 얻는다.

때로는 정보를 흘려서 유리하게 매수량을 늘리고, 매도 작전으로 '개미털기'를 진행하여 주가를 가볍게 만든다.

이것은 소위 말하는 '세력'만이 사용하는 수법은 아니다.

예를 들어 목표 주가와 주식 등급 평가를 발표하는 증권회사도 세력과 똑같은 짓을 하는 집단이다.

증권회사는 투자자로부터 수수료를 받으며 주식매매를 중개하는 일이 주요 업무이지만, 자사의 자금을 사용해서 트레이더로 불리는 직원에게 수억 엔에 이르는 보유금을 활용하게 해서 매매 차익을 얻는다.

그러니 증권회사를 당당히 '세력'이라고 말해도 과언은 아닐 것이다.

게다가 세력이 몰래 주식을 사들이거나, 개미털기를 하거나, 주가 끌어올리기를 하는 것과 달리, 증권회사는 대놓고 실적 동향과 '목표 주가'를 설정해서 매수를 부추기고, 때로는 낮은 목표 주가를 설정해서 매도를 부채질한다.

말 그대로 악질 세력인 것이다.

증권회사가 하는 짓은 재무성이 보증하는 '주가 조종 흉내내기'이다.

이들이 하는 짓은 명백히 자금력으로 주가를 조작하는 것이라 할 수 있다.

절대로 목표 주가를 끌어올리는 '조작'에 올라타서는 안 된다.

기관투자가 중에는 생명보험, 연금, 농협 등의 조합 기금이 있다.

대량의 자금을 모아서 운용하므로, 시장에 미치는 영향력도 크지만, 그들은 우리 같은 개인투자자가 노리는 소형주에는 별 관심을 가지지 않는 것 같다.

공적인 측면이 있어서 아마도 적극적으로 운용하기는 어려울 것이다.

외국의 세력도 대형주를 중심으로 운용한다.

단, 펀드의 모습도 변하고 있는데다가 상황에 따라 여러 술수를 부릴 것은 충분히 예상할 수 있다. 소형주, 세력계 종목에 들어가기도 한다.

우리의 적은 크다는 사실을 명심하자.

84

주가를 떨어뜨린 후 사들이는 작전을 알라

대형 투자자는 한 회사만이 아니라, 여러 회사가 손을 잡고 조작 흉내내기를 하기도 한다.

필자는 이런 것을 자금, 조직력을 사용한 악랄한 주가 조작으로 본다.

증권회사는 '목표 주가'를 항상 발표하는데, 이것을 그대로 받아들이면 안 된다.

'참고 정도'라는 느낌이 딱 좋다고 생각한다.

주식투자를 교육하는 민간 트레이더나 평론가, 투자자는 모두 필자와 같은 의견이다.

과거에 싫을 정도로 당했기 때문에 '그 수법에는 안 당한다'라는 것이 본심이다.

일상적으로 주식거래를 하면서 생각하는 것은 '실적 호조'라는 정보가 나오면 '목표 주가'는 올라가는데 주가는 내려가는 모순처럼 보이는 상황이다.

이런 일은 자주 있다.

세력주의 신 100법칙

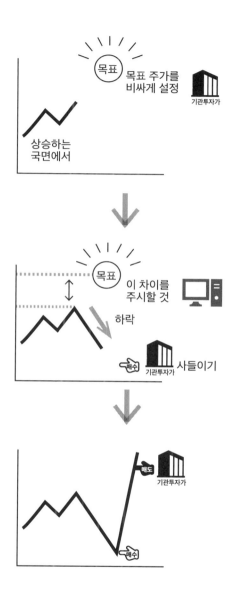

긍정적인 정보가 있을 때 주가를 내리는 것이다.

이것을 본 개인투자자는 '뭐야. 실패잖아'라며 손절매하고 빠져나갈 것이다.

그 타이밍에서 대형투자자는 '매도 주식을 매입'해서 유리한 상황에서 매수하고, 그 후에 주가를 부채질해서 얄밉게 이익을 챙긴다.

더러운 수법이지만, 현실에서 일상적으로 이루어지고 있다.

85

세력에 편승해서 투자자를 함정에 빠트리는 증권회사

과거에 친척이 걸려든 수법을 소개하겠다.

20년 이상 전에 대면 거래만 있었던 시절의 이야기다.

옛 미쓰요증권의 지점장이 대기업에 흡수된 세력계 종목을 주가 2,000엔일 때 현관 앞까지 와서 '이 종목은 올라가니까 매수해 주세

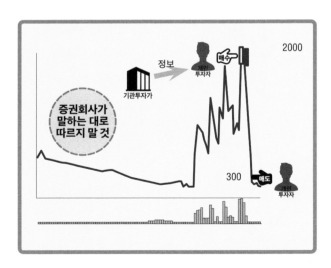

요'라며 집요하게 요청했다.

이 말을 믿은 내 친척은 '지점장 말이니까'라며 1,000주를 샀다.

그런데 사고 얼마 되지 않아 급락하더니 마지막에는 300엔 아래로 떨어졌다.

이처럼 세력이 움직이는 종목을 '수수료 벌기'를 위해 아무렇지도 않게 개인투자자에게 권했다.

이것은 한 가지 사례에 불과하지만, 특별한 사례가 아닌 흔한 일이었다.

그리고 과거의 일이기는 하지만, 그 습성은 지금도 그대로다.

증권회사가 개인투자자를 펀드는 일은 100% 없다.

수수료 벌기를 위해서라면 뭐든지 한다.

자산을 늘릴지 줄일지는 '자기 책임'이라는 것이 증권회사의 입장인 것이다.

나는 이런 실화를 통해서 달콤한 말이나 타인에게 속지 말 것을 계몽해왔다.

돈이 되는 정보나 소재를 타인이 무료로 가져올 리가 없다.

'세상에 공짜는 없다'라는 사실을 명심하고, 자신의 자산은 본인의 노력, 정보 수집을 통해서 늘리기를 바란다.

본인이 확신하는 정보, 판단이 결과적으로는 좋은 성과를 가져올 것이다.

86

'공매도'를
많이 이용하는
수법을 조심

잘 지켜보면 알 수 있는데, '공매도'를 좋아하는 것은 외국계를 포함한 대형 증권사들이다.

이들은 거래량이나 차트를 보고 높은 확률로 예측이 가능한 것인지, 아니면 본인 돈이 아닌 회삿돈이라 위험 부담을 못 느끼는 것인지

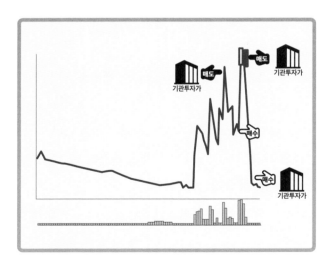

세력주의 신 100법칙

모르겠지만, 좌우간 '공매도'를 좋아한다고 할까, 능숙하게 한다.

차트 형태를 보고 큰 음봉이 나타난 무렵에서 공매도를 시도하면 성공률이 높아서 하기 쉽다.

다만 그 전부터 '이론치'를 넘은 주가에 대해서는 앞날을 예측하고 공매도를 시도하는 경우가 많다.

뒤에 오는 급락장에서 가격 변동폭만큼 이익을 얻는 것이다.

또한 약해 보이는 종목에 공매도를 유도해서 단번에 가격을 끌어올린 후에 공매도한 주식을 되사서 주가를 높이는 것도 대형 증권사나 펀드가 사용하는 수법이다.

그러므로 방심은 금물이다.

특히 신용배율에서 '신용 매도가 많은' 종목은 주가 하락을 보장하지 않으며, 오히려 타깃으로 삼아 가격을 끌어올리는 매수도 많으므로 조심해야 한다.

기관투자가는 공매도로 어렵지 않게 이익을 얻는 것 같지만, 개인투자자가 안이하게 공매도를 하기에는 위험성이 크다.

매수는 손해가 나더라도 한계가 있지만, 공매도는 주가가 올라가면 '손실이 무한대'가 된다.

생명까지 잃을 위험이 있다.

빠질 때를 놓치면 큰일이 날 수 있다는 것이다.

87

차트 장인의 존재를 알고 있을 것

주식 세계는 '벌기 위해서는 뭐든 한다'라는 것이 그 본질이다.

그것을 알고 있어야만 한다.

'차트를 읽는 법'에 관한 책은 나도 많이 썼지만, **차트를 잘 이용(악용)하는 것**이 세력과 대형 투자자의 수법이다.

물론, 차트 그 자체에는 아무런 의도도 없다.

주가 움직임, 거래량을 그래프로 만든 것뿐이며, 시장의 움직임은 속일 수 없다.

하지만, 소형 종목의 차트는 약간만 매매하더라도 어느 정도 조종할 수 있다.

공매도와 정보 조작으로 움직임을 만들 수 있는 것이다.

그러므로 '차트를 만든다'는 것은 그렇게 어려운 일이 아니다.

그런 특성을 활용해서 '차트를 만든다'→'차트 장인'의 존재도 부정할 수 없다.

차트는 주가의 방향을 보여주므로, 향후 예측에 도움이 된다.

하지만 그런 사실을 역으로 이용하는 세력, 대형 투자자가 있다는 사실을 명심하자.

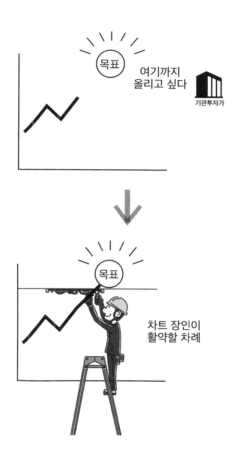

11장

세력이

쉽게 접근하는

테마를 알 것

기회는 언제나 사람들의 불만 속에 있다.

마윈(馬雲)

몸을 낮추고, 분수를 지키며, 하늘의 때를 기다린다.

유비(劉備)

88

중앙은행이 결제 수단으로 삼으려는 가상통화

'가상통화', '암호통화'라고 하면 현실과는 동떨어진 인터넷 통화라고 생각하는 사람도 많을 것이다. 하지만 그런 고정관념은 시류에 뒤처진 것이다.

지금의 가상통화는 달러, 유로, 엔, 위안, 파운드 등과 마찬가지로 디지털 시대에 어울리는 결제 수단으로 각국 중앙은행이 인정하는 통화가 되는 길을 걷기 시작했다.

이미 전 세계에는 3억 4천만 명이나 되는 이용자를 보유한 '대형 온라인 결제 회사'인 미국의 페이팔 홀딩스가 암호통화(가상통화)로 지불하는 서비스를 2021년에 시작한다고 발표했다. 이로 인해 2021년 초에는 약 2,600만 가맹점에서 상품이나 서비스를 구매할 때 가상통화를 사용할 수 있게 된다.

은행도 21년 봄에는 가상통화 현장 실험을 시작한다.

결제통화가 되기 위한 선제적인 움직임은 대형 결제 수단 회사의 협력에서 볼 수 있다.

중앙은행이 명확하게 인정하는 단계가 아니라도 민간에서는 결제가 시작되었다. 그런 서비스가 이루어지니 중앙은행도 도입할 준비를 하는 것이다.

이런 상황이라면 이와 관련한 종목에는 '디지털 통화 관련', '암호 통화 관련'이라 하여 매수가 몰릴 것이라 충분히 예상할 수 있다.

이미 움직이는 관련 종목이 있지만, 이런 새로운 움직임은 세력이 개입하는 대상이 되기 쉽다.

그런 시점에서 파악하면 '가상통화 관련'으로 검색하기도 쉬워지고, 주가변동에 대해 민감하게 대응하기도 쉬워진다.

세력주 후보로써 이런 종목을 조준해서 지켜보길 바란다.

세력주 투자를 준비하는 중요한 자세라 할 수 있다.

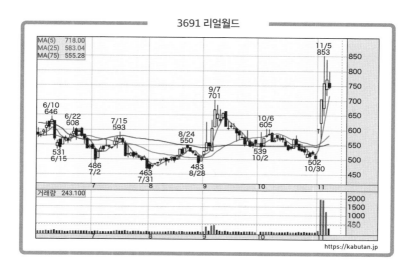

3691 리얼월드

89

재생 가능 에너지는 기다려주지 않는다

지구온난화의 폐해는 이미 커다란 재해로 나타나고 있다.

기후변동에 의한 집중호우 등으로 전 세계에서 사람들이 생명을 잃고, 식물이나 물고기의 생태에도 영향을 주고 있다.

'탄소배출을 줄이는 것'을 피해갈 수 없는 상황이다.

이런 상황에서 주목을 모으는 것이 '탄소를 배출하지 않는 에너지' 이다.

소위 말하는 재생 가능 에너지에 얼마나 힘을 쏟는지는 우리가 사는 지구를 지키는 중요한 테마이며, 주식시장에서는 메인 테마가 되고 있다.

간단하게 '재생 가능 에너지'라고 하지만, 어떤 것이 있을까?

태양광, 풍력, 중소형 수력, 지열, 바이오매스 등을 들어본 적이 있을 것이다.

이런 에너지원은 온실 효과 가스를 배출하지 않고, 국내에서도 생

세력주의 신 100법칙

산 가능하며, 에너지 안전 보장에도 도움이 된다.

앞으로 주요 테마가 될 것이 틀림없다.

이 분야에서도 세력은 100% 확률로 암약하고 '있다.'

일본의 재생 에너지 비율은 약 16%이다. 독일이나 영국 등과 비교하면 뒤처져 있는 것이 현실이다.

스가 정권도 디지털에 더해서 2050년에 '온실 효과 가스 배출 제로'를 선언했다.

친환경 에너지에 힘쓰는 기업은 어디일까?

그런 기업을 타깃으로 해서 관련 종목 움직임을 주목하자. 그것이 세력주의 태동을 이른 단계에서 감지할 수 있는 저력이 된다.

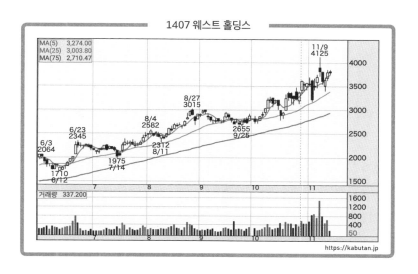

90

사이버보안은
온라인 시대의
생명이다

사이버보안은 사이버 영역의 보안을 의미한다. 부정 접근을 감시하는 것이다. 많은 기업이 코로나19로 인해 온라인 환경을 갖추어야만 하게 되었지만, 졸속 도입으로 보안 문제를 가볍게 생각했다.

최근에는 사이버 공격이 증가하고 있어서 사이버보안은 온라인 시대의 공포에 대항하기 위해 피해갈 수 없으며, 산업과 교육, 생활의 중요한 인프라이기도 하다.

최근 경향을 살펴보면 다음과 같다.

- 공격 대상이 산업시스템으로 확대되었다.
- 공격 방법이 고도화되었으며, 특정 조직을 겨냥한 표적 공격이 눈에 띈다.
- 공격 목적은 국가에 의한 사이버 공격, 범죄자에 의한 금전 목적 등이 있다.

이런 상황으로 미국에서는 육·해·공·우주를 이어서 다섯 번째 안전보장 영역으로 사이버 영역을 지정했다.

세력주의 신 100법칙

일본에서도 '국가 안전보장 전략'에서 사이버 공간에서의 방어를 국가전략에 반영했다. 기업에서도 이런 대책을 더 기다리고만 있을 수는 없으며, 그 비용은 기업 활동에 필수적이라 할 수 있다.

보안의 범위는 재해 리스크, 사업환경 리스크, 전략 리스크, 정보 보안 리스크, 노무 리스크 등 다양하다.

이런 수요에 대응하는 비즈니스는 이미 존재하며, 국가와 기업의 요청에 대응하는 식으로 사업을 전개하여 실적에도 반영하기 때문에 관련 기업에는 이미 세력이 주식 매수, 주가 독점, 주가 끌어올리기 전략을 진행하고 있으므로, 주의해서 그 변동에 대응해야 한다.

이런 종목은 차익을 얻을 수 있는 중요한 테마이며, 투자대상 주가에 유동성을 제공하기도 한다.

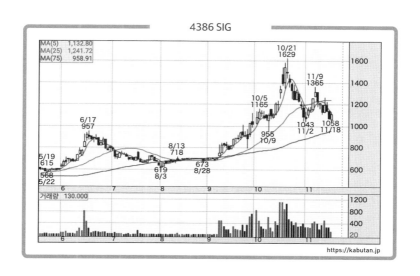

91

전자정부의 등장은 당연한 흐름이다

전자정부(eGov)는 주로 컴퓨터 네트워크와 데이터베이스 기술을 이용한 정부를 의미한다.

이런 기술에 의해 정부를 개선하고, 행정을 효율화하며, 민의를 반영하는 것을 목표로 한다.

단순한 형태로 말하자면 인트라넷을 도입하여 행정처리 속도를 높이는 것, 웹사이트에서 행정 활동을 소개하는 것, 정보공개, 행정 서비스에 관한 정보 제공 등을 한다.

가까운 사례로는 행정 서비스 온라인화가 있다.

이를 통해 주민증 발급처럼 구청이나 주민센터에 가야만 했던 각종 신청 절차를 전자적으로 할 수 있게 되었다.

예를 들어 웹사이트 회선을 이용한 통신으로 접수한다고 하자.

이런 거래에서는 전자상거래와 마찬가지로 보안, 암호화, 전자인증, 개인정보보호 등과 같은 기술적 문제가 발생한다.

또한 이 시스템으로 여론조사, 투표 등을 전자적으로 할 수 있다.

세력주의 신 100법칙

2020년 국가 총조사에서도 인터넷으로 회답한 경우가 전체의 40%를 차지했고, 이미 법인세는 온라인 납세가 80%를 넘는다. 문제는 개인에 대한 서비스 제공 부분이다.

정부는 2018년에 '디지털 거버넌스 실행계획'을 내각 회의에서 결정했다. 스가 정권에서는 디지털청을 발족해서 전자정부 흐름을 가속화한다. 이것을 기반으로 해서 디지털화, 전자정부 노하우, 기술을 제공하는 관련 기업에는 '국책'으로 사업이 크게 발생했고, 기업 실적 향상으로 이어질 것이다.

여기에도 물론 세력이 개입해서 주가를 조작할 여지가 있다는 점을 주목하는 것이 현명한 대응이다.

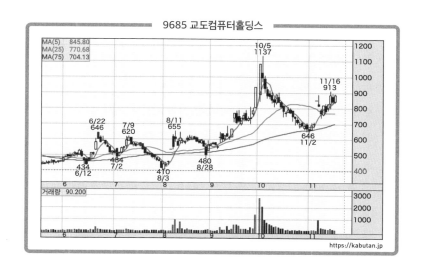

9685 교도컴퓨터홀딩스

92

친환경인
풍력발전의
장점

지구온난화 대책으로 클린에너지 관련 종목이 요즘 갑자기 주목받고 있다.

석유와 석탄과 같은 화석연료는 전력공급 안정성이나 비용면에서는 우수하지만, 이산화탄소 배출량은 이미 한계에 도달했다. 그래서 어느 정도 비용이 들긴 하지만 친환경 풍력이 주목받고 있다.

풍력발전의 장점을 몇 가지 들어보면 다음과 같다.

- 이산화탄소 등 온실 효과 가스 배출량 저감 효과가 있다.
- 발전 비용이 비교적 낮으며, 사업화하기 쉽다.
- 소규모이고 분산형이라 사고와 재해 등과 같은 유사시에 받는 피해를 최소화할 수 있으므로, 전체 가동률을 높게 유지할 수 있다.
- 공사 기간이 짧아서 투자에서 운전까지 금리 부담이 적다.

발전에 사용하는 것은 풍차(풍력 터빈), 풍력발전기, 풍력발전장치라 부른다.

바람이 강한 곳이 좋은 입지이므로, 태풍 등 자연재해를 입기 쉽지

세력주의 신 100법칙

만, 온난화 대책을 더는 미룰 수 없는 상황에서는 정부의 정책적 지원을 등에 업고 앞으로 설치가 증가할 것으로 예상한다. 관련 공사와 설비를 공급하는 기업에는 순풍이 불고 있음에 틀림없다.

관련 종목에는 세력이 개입하기 쉬운 것도 있으므로, 주가변동을 주의 깊게 지켜보는 것이 현명하다.

풍력발전 제조사는 덴마크, 중국, 미국의 세 회사가 시장의 절반 이상을 점유하고 있으며, 일본 제조사가 그 뒤를 잇고 있다.

발전장치이므로 중전기 관련은 물론이고, 범위가 넓어서 의외의 종목도 있으므로 주목하길 바란다.

93

스마트 농업이 일본 농업의 미래를 지탱한다

스마트 농업이라고 하면 로봇 기술과 ICT(정보통신기술), AI(인공지능), IoT(사물인터넷) 등 첨단 기술을 활용해서 적은 노동력으로 생산성을 높일 수 있는 농법을 의미한다.

농업은 종사자의 고령화, 후계자 부재로 인해 노동력이 부족한 상태라서 경작을 포기한 농지가 눈에 띄는 상황이다. 그 대책으로 주목받는 것이 바로 스마트 농업이다.

원래 농업에 필요한 생산기술을 습득하려면 오랜 기간이 필요해서 미경험자에게는 진입 장벽이 높았지만, 스마트 농업이라면 숙련자의 기술과 노하우, 판단 등을 데이터화하여 축적해서 활용할 수 있다.

그래서 장인이 오랫동안 경험하면서 익힌 감이나 요령을 신규 농업 종사자가 단기간에 익힐 수 있게 된 것이다.

로봇 기술이 발전하여 다양한 작업을 자동화할 수 있어서 작업자 대부분이 숙련 농부와 거의 같은 수준의 정확도와 속도로 작업할 수 있게 될 것이다.

세력주의 신 100법칙

그 결과, 광대한 범위의 작업을 효율적으로 진행할 수 있으므로, 스마트 농업의 도입이 급속하게 진행되어 농업의 미래를 개척하고 밝은 희망의 원천이 되고 있다.

덧붙여서 코로나19로 인해 도심을 회피하는 사람들을 수용하는 곳으로서, '어디에서라도 업무를 볼 수 있다'라면 지방을 선택하는 젊은 층도 증가했다.

인간은 아무리 기술이 발전해도 식사를 하지 않으면 살아갈 수 없으며, 창조적인 활동도 할 수 없다.

그런 의미에서 인류의 밝은 미래를 위한 산업을 담당하는 '스마트 농업'은 중요한 테마이며, 그와 관련한 종목은 가끔 인기를 끌어서 세력이 개입할 가능성이 크다고 할 수 있다.

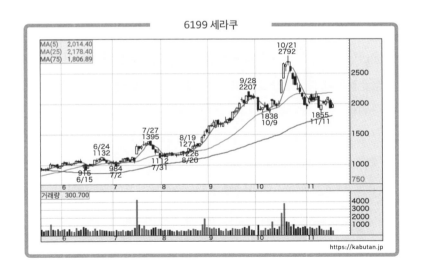

6199 세라쿠

94

뒤처진 '원격의료'에 활로를

원격의료(온라인 진료 및 의료)는 서구 선진국에 비해 뒤처져 있다. 그 이유는 의사회와 후생노동성의 굳건한 저항이 있기 때문이다.

하지만 코로나19로 인해 '비접촉'이 필요해지면서 임시 조치로써 인정받게 되었다.

스가 정권은 온라인 진료를 영구적으로 허가할 방침이지만, 여전히 저항이 있어서 현재 보급률은 20%에도 미치지 못하고 있다.

온라인 진료가 50%를 넘으면, 관련 기업에 미치는 긍정적인 영향은 엄청날 것이며, 그 진전으로 실적과 주가도 크게 변할 것이다.

그런데 원격의료에 관해 다시 확인해보니, 의사와 환자가 거리를 두고 인터넷 정보통신기술을 사용해서 진료하는 것이다.

일반적으로 '온라인 진료'라고 하지만, 자세하게 들여다보면 '원격진단'과 '원격진찰'로 나눌 수 있다.

온라인 진료를 도입하려면, 진단에 사용할 의료 데이터, 단말기, 기기, 약품 등이 필요하다.

또한 원격의료에는 의사와 환자가 실시간으로 진찰하는 방법과 그렇지 않은 방법이 있다.

실시간 진료에는 영상회의 장치를 사용하는 것이 보통이며, 주변 기기에 따라서는 청진기로 맥박을 들을 수도 있다. 정신과, 내과, 순환기과, 산부인과 등의 진찰이 가능해지는 것이다.

환자의 X선 사진이나 생체 신호 데이터를 사용하면, 환자 부재 시에도 진찰이 가능해진다.

앞으로 원격진료는 더 발전할 것이다. 관련 업계의 실적에 공헌하는 것도 기대할 수 있으므로, 정부와 행정이 더 의욕을 보이면 더욱 인기를 끌 것이라 예상할 수 있다. 그러므로 가끔은 세력이 개입하여 주가가 급등할 가능성도 있을 것이다.

95

비접촉의 일상화로 성장하는 'ICT 교육'

'ICT 교육'은 컴퓨터와 태블릿 단말기, 인터넷 등 정보통신기술을 활용해서 교육하는 것을 의미한다.

ICT 교육의 장점은 교육을 받는 아이들에게도 선생님에게도 긍정적인 효과가 있다는 점이다.

ICT 기기를 사용하므로 예컨대 영상회의 기능을 사용해서 외국 학교의 학생들과 실시간으로 외국어로 소통할 수도 있다.

교육의 폭을 넓힐 수 있는 것이다.

사용하는 IT 도구에 따라서는 이미지나 동영상을 활용해서 알기 쉽게 수업을 진행할 수도 있다. 학습 내용을 알기 쉽게 만드는 것이다.

아직은 선생님이 많은 시간을 할애해야 하는 '채점'과 같은 단순 작업에 들어가는 시간을 줄여서 더 생산적인 업무에 시간을 사용할 수 있을 것이다.

그리고 학생들의 흥미와 관심을 높여서 학습에 동기를 부여하는 것도 기대할 수 있다.

학생들도 태블릿을 사용하는 것 자체를 즐겁게 여기므로, 문자 정보만으로는 전달하기 어려운 내용을 이미지나 동영상을 활용해서 시각, 청각에 어필하는 형태로 제공해서 더 효과적인 교육을 기대할 수 있다.

방법에 따라서는 학생에 맞춘 커리큘럼도 짤 수 있다.

코로나19로 인한 비상사태선언 때문에 학교폐쇄를 겪은 후 적극적으로 온라인 교육을 도입하고 있다. 언제 수습될지 모르는 상황이라서 기회를 잡은 ICT 교육은 더 풍부하고 효과적인 방향으로 진화할 것으로 예상한다.

관련 업계가 넓어서 그 안에서 영웅과 같은 종목이 나타날 가능성은 크다고 할 수 있다.

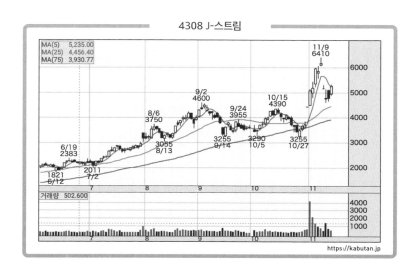

96

병렬 연산으로
빠른 계산이 가능한
'양자컴퓨터'의 활용

우리가 활용하는 컴퓨터는 더 빠르고 편리한 것으로 진화하려 하고 있다.

그 최첨단에 있는 것이 '양자컴퓨터'다.

양자컴퓨터의 역사는 의외로 오래되어서, 양자계에서는 에너지를 사용하지 않고 계산할 수 있다는 것을 1980년에 한 연구자가 증명했다.

1994년에는 실용적인 알고리즘을 고안해서 이 분야에 불이 붙었다.

양자컴퓨터 특유의 알고리즘을 사용해서 고전적인 컴퓨터로는 해결할 수 없는 '소인수분해'를 매우 짧은 시간에 실행할 수 있었기 때문에 암호의 안전성을 무너뜨릴 수 있다는 사실을 알게 되었다.

2016년에 IBM은 5양자비트의 양자컴퓨터를 온라인에서 공개했다.

또 2019년에는 세계에서 가장 빠른 슈퍼컴퓨터로도 1만 년이 걸리는 계산을 양자컴퓨터를 사용해서 불과 3분 20초 만에 처리하는 것도 성공했다.

이런 훌륭한 기술 진화는 인류의 과제인 의료, 우주개발 등 다양한 분야에서 활용할 수 있을 것이다.

꿈의 컴퓨터와 관련 있는 테마는 앞으로 틀림없이 세력주로 비약할 종목을 만들어 낼 것이다.

관련 종목은 움직이고, 세력이 개입하기 쉬우므로 주목해서 그 움직임에 능숙하게 올라타기를 바란다.

97

이산화탄소를 배출하지 않는 수소에너지 시대

수소에너지는 탄소배출을 줄여야 하는 시대의 핵심이라고도 한다.

EU에서는 철강생산에 필요한 전력을 수소로 감당할 움직임도 있다.

연소할 때 이산화탄소를 배출하지 않는 클린에너지가 기대를 모으고 있다.

수소연료 그 자체는 태양광 발전 에너지를 사용해서 생산한다.

수소는 폭발적으로 연소되므로, 에너지 변환 효율이 높다.

이렇게 효율이 높은 에너지는 화석연료를 대신할 유망한 에너지로써 큰 기대를 모으고 있다.

토요타자동차가 '수소자동차'를 완성했고, 수소 충전소 증설에 힘을 쏟고 있다.

이 밖에도 수도권에서는 수소에너지를 이용한 '연료전지 버스(FC 버스)'가 이미 달리고 있다.

그뿐만 아니라 연료전지 트럭, 연료전지 스쿠터 등 이미 많은 분야에서 활용되고 있다.

경제산업성도 '수소 사회를 향한 정책'을 정리해서 수소연료를 사용하는 클린 자동차 생산을 후원하고 있다.

토요타와 JXTG 에너지(현재는 ENEOS) 등 민간기업 11사가 힘을 모아 수소 충전소 정비 회사를 설립하여 깨끗한 수소연료 활용에 힘을 쏟고 있지만, 정부 보조금이 있긴 해도 아직 보급 속도가 느린 실정이다.

탄소배출을 줄이기 위한 핵심으로 활약하려면, 수소 충전소 등과 같은 공급체제 정비에 속도를 붙여야 한다.

다만, 유망한 비탄소계 연료라서, 그 가능성을 둘러싸고 다양한 종목에서 세력이 암약하여 인기 종목이 되어 주가가 급등할 가능성이 있다.

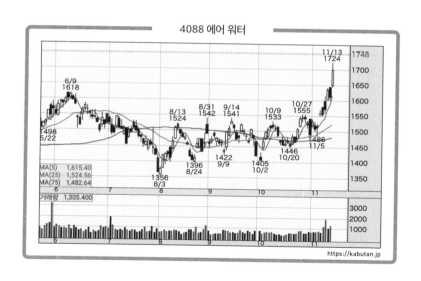

종장

세력주

필수 용어

가능한 만큼 벌어서
가능한 만큼 모으고
가능한 만큼 베풀라

존 웨슬리(John Wesley)

기회는 물고기 무리와 같다.
들어온 뒤에 그물을 고친다면 이미 늦었다.

이와사키 야타로(岩崎彌太郎)

98

세력주
필수 용어
①

1 팔고 빠지기

세력은 일반인들이 생각하는 것보다 이른 단계에서 타깃 종목에서 빠져나

간다. 급등장에서 '아직 세력이 남아있다'라는 생각으로 매매하는 것은 세

력과 관계없는 개인투자자들이다.

이미 따돌림당한 것을 알아야만 한다.

매입한 주식이 많으므로 거래량 급증 단계는 절호의 '빠질 타이밍'이 된다.

주의가 필요하다.

2 역일보가 붙으면 눈에 더 잘 띈다(역일보란 증권 거래에서, 사는 쪽보

다 파는 쪽의 주식이 적을 때 증권거래소나 대행기관에게 파는 쪽을 대신

하여서 부족한 주식을 인도하게 하고 지급하는 금리-옮긴이)

'역일보'는 신용거래의 '공매도'로 발생한다.

공매도는 증권회사로부터 현물 주식을 빌려서 '매도 주문'을 내는 것이지

만, '빌린' 주식이 적어지면 이자를 줘서라도 빌려와야 한다.

'매도 주문'에 비용이 드는 것이므로 가능한 한 빨리 되사서 '결제'하고 싶겠지만, 결제할 때까지 주가가 내려가지 않으면 손해를 본 상태로 결제를 해야만 한다.

3 '세력'은 전통 가면극, 노(能)의 '시테가타'에서 유래

세력은 일본 전통 가면극, 노의 '시테가타' 즉 '주인공'에서 유래했다고 한다.

주식시장에서는 뒤에서 주가를 움직이는 시세 연출자를 의미한다.

부동주가 적고, 시가총액이 작아서 '움직이기 쉬운' 종목을 타깃으로 해서 조종한다. 올리거나 떨어뜨리거나 자유자재로 조종한다.

그런 주가변동에 투자자를 끌어들여서 몰래 팔고 빠진다. 움직이면 큰 이익을 얻기도 하지만, 실패하기도 한다.

4 세력 그룹

세력 그룹에는 다양한 규모의 세력이 들어있다.

그중에는 단독으로 세력 작전을 수행하는 곳도 있다.

옛날 시장의 세력전에서는 그런 모습을 자주 볼 수 있었다.

현재의 세력 그룹에는 정치가, 기업, 사업가, 기관투자가, 뒷돈, 폭력단, 종교단체 등 다양한 자금이 꿈틀거린다. 그 정체가 분명하지 않다. 표면에 드러나는 일도 결코 없다.

투자 고문 회사도 물론 세력이 되기도 하며, 그 회원의 자금이 주가 조종의 밑천이 되기도 한다.

99

세력주
필수 용어
[2]

5 세력전

'세력전'이란 세력이라 불리는 투기꾼끼리 경쟁하는 것을 말한다. 파는 쪽
과 사는 쪽이 있으며, 투기적인 매매로 차익을 노린다. 저렴한 주식을 대량
으로 계속 매입하여 주가를 갑자기 끌어올리는 것이 사는 쪽이고, 신용거
래를 이용해서 비싸다고 생각되는 종목에 대량 매도 주문을 내서 주가를
떨어뜨리고는 저가에서 되사는 것이 파는 쪽이다.

단, 신용매도는 6개월 이내에 되사야 하는 제약이 있으므로, 사는 쪽은 그
것을 노리고 주가를 끌어올린 상태에서 파는 쪽이 '되사기를 하게 만드는
방식으로' 역습한다.

인정사정없고, 자금력과 집단의 실력이 승패를 좌우하는 세계다.

6 스퀴즈

공매도가 누적된 단계를 노리고 자금력으로 주식을 매입해서, 공매도한 투
자자가 어쩔 수 없이 되사게 만든다.

세력주의 신 100법칙

'스퀴즈'라는 이름이 붙어있는데, 깜빡하고 느긋하게 '매도 주문'을 내고 있으면 엄청난 손실을 볼 수도 있다.

당하지 않으려면 공매도에서 빨리 철수하는 것이 좋다.

7 등불이 켜지다

'매수가 매수를 부르는' 현상을 일본에서는 등불이 켜졌다고 한다.

투자자는 주가가 기세 좋게 올라가고, 거래량이 증가하면 '재료는 분명하지 않지만, 뭔가 숨겨진 호재가 있을 것이다'라고 생각해서 매수 주문을 낸다.

그러면 이런 매수를 보고 다른 투자자들이 모여든다.

'등불'이란 것은 본인의 판단이 아니라 '흉내내서 매매하는 것'이며, 이렇게 하면 세력이 노리는 함정에 걸려들게 된다.

8 '끌어올리기'로 눈에 띄게 만든다

세력은 타깃으로 삼은 종목의 주식을 어느 정도 사들인 후에, 그때까지의 거래량보다 적게는 10배 이상의 매수 주문을 내서 그 종목이 눈에 띄게 만든다.

그렇게 해서 순위의 상위권에 등장하면, '뭐야, 뭐야'라는 군중심리처럼 매수가 모인다.

이것이 바로 주가를 끌어올리는 기술이다.

즉, 추종 매수를 희망하는 투자자를 불러들이는 기술인 것이다.

여기에 간단히 걸려드는 것은 경험이 부족한 투자자들이다.

100

세력주
필수 용어
[3]

9 인터넷 세력

예전처럼 거액의 자금으로 주가를 조종하는 세력이 아니라, 인터넷 게시판
이나 SNS 등 인터넷 교류를 최대한으로 활용해서 교묘하게 세력주에 도전
하는 방법이다.

정보는 실시간으로 전해지므로, 주가를 조작하기 수월하다.

단, 시세가 끝나는 것도 빠르므로, 허둥대서 올라타면 호구가 되기 쉽다. 조
심해야 한다.

10 풍설 유포

세력이 주식을 사들일 때는 일부러 악재를 흘리는 등 '풍설 유포'와 비슷한
짓을 해서, 매도된 주식을 조용히 들키지 않게 줍는다.

시장에 소문나지 않도록 시간을 어느 정도 두고 작전을 진행한다.

이 단계가 세력에게 가장 중요한 시기이다. 실수로라도 '○○가 작전을 걸
었다'라는 정보가 밖으로 나오는 일은 없다.

만일 '우리끼리만 하는 이야기'라며 세력에 관한 정보가 있다면, 거짓말이라 생각하는 편이 좋다.

11 '부동주가 적다'

주가가 급등락해서 세력의 입맛에 맞는 종목은 시장에 나와 있는 주식 수가 적은 종목이다. 주가를 움직이기 쉬워서 쉽게 조작할 수 있기 때문이다. 그래서 세력주로 키우는 것은 다음과 같은 종목이 많다.

- 100엔 대의 초저평가주
- 공매도가 가능한 종목
- 실적에 모자란 부분이 있는 종목
- 시장에 유통되는 주식 수가 적은 종목

이런 점을 주의해서 세력주인지를 판단하면 된다.

12 반등은 보여주기일 뿐

큰 거래량을 동반해서 주가가 급락한 후에 거래량이 줄어들면 움직이기 쉬워진다. 그 타이밍을 노리고 저가에서 조용해진 종목을 사모아서 크게 반등시키면, 그것을 보고 모인 초보 투자자들의 매수 주문에 대해 매도 주문을 던지고 빠져나간다.

올라갈 것처럼 보여주고, 그것을 보고 들어온 투자자를 속이는 세력의 작전이다. 깜빡하고 거래량만을 보고 그 주식을 사들이면 그 후에 주가가 올라갈 일은 없다.

세력주의 神신 100법칙 개정판

아는 만큼 보이는 세력주 투자 – 단기간 큰돈 벌기

개정판 1쇄 발행 2023년 8월 1일

지 은 이 | 이시이 카츠토시
옮 긴 이 | 전종훈
발 행 인 | 최봉규

발 행 처 | 지상사(청홍)
등록번호 | 제2017-000075호
등록일자 | 2002. 8. 23.
주   소 | 서울 용산구 효창원로64길 6 일진빌딩 2층
우편번호 | 04317
전화번호 | 02)3453-6111 팩시밀리 02)3452-1440
홈페이지 | www.jisangsa.co.kr
이 메 일 | jhj-9020@hanmail.net

* 잘못 만들어진 책은 구입처에서 교환해 드리며, 책값은 뒤표지에 있습니다.

주식 데이트레이딩의 神신 100법칙

이시이 카츠토시 | 이정미

옛날 장사에 비유하면 아침에 싼 곳에서 사서 하루 안에 팔아치우는 장사다. '오버나잇' 즉 그날의 자금을 주식 시장에 남기는 일을 하지 않는다. 다음 날은 다시 그날의 기회가 가장 큰 종목을 선택해서 승부한다. 이제 개인 투자자 대다수가 실시하는 투자 스타일일 것이다.

값 17,500원 | 국판(148x210) | 248쪽
ISBN978-89-6502-307-4 | 2021/10 발행

7일 마스터 주식 차트 이해가 잘되고 재미있는 책!

주식공부.com 대표 가지타 요헤이 | 이정미

이 책은 '이제부터 공부해서 주식투자로 돈을 벌자!'라는 방향으로 차트 및 테크니컬 지표를 보는 법과 활용하는 법이 담겨있다. 앞으로 주식투자에서 '기초 체력'이 될 지식을 소개하며, 공부 그 자체가 목적이 되면 의미가 없으므로, 어려워서 이해하기 힘든 내용은 뺐다.

값 16,000원 | 신국판(153x224) | 224쪽
ISBN978-89-6502-316-6 | 2022/05 발행

만화로 배우는 최강의 株주식 입문

야스츠네 오사무 | 요시무라 요시 | 오시연

이 책은 자산운용에 전혀 관심이 없었던 초보자도 곧바로 주식투자에 도전할 수 있도록 주식투자의 노하우를 가능한 한 알기 쉽게 해설했다. 주식투자로 성공하는 방법들을 소개했는데, 덧붙이고자 한다. 책상에서만 익힌 노하우로는 결코 성공할 수 없다는 점이다.

값 16,000원 | 신국판(153x224) | 232쪽
ISBN978-89-6502-313-5 | 2022/4 발행

주식투자 1년차 교과서

다카하시 요시유키 | 이정미

오랫동안 투자를 해온 사람 중에는 지식이 풍부한 사람들이 있다. 그러나 아쉽게도 지식이 풍부한 것과 투자에 성공하는 것은 서로 다른 이야기다. 투자에서는 '잘 안다'와 '잘 한다' 사이에 높은 벽이 있다. 이 책에서는 '잘할' 수 있도록, 풍부한 사례를 소개하는 등 노력하고 있다.

값 15,800원 | 국판(148x210) | 224쪽
ISBN978-89-6502-303-6 | 2021/5 발행

주식의 神신 100법칙

이시이 카츠토시 | 오시연

당신은 주식 투자를 해서 좋은 성과가 나고 있는가? 서점에 가보면 '주식 투자로 1억을 벌었느니 2억을 벌었느니' 하는 책이 넘쳐나는데, 실상은 어떨까? 실력보다는 운이 좋아서 성공했으리라고 생각되는 책도 꽤 많다. 골프 경기에서 홀인원을 하고 주식 투자로 대박을 낸다.

값 15,500원 | 국판(148x210) | 232쪽
ISBN978-89-6502-293-0 | 2020/9 발행

월급쟁이 초보 주식투자 1일 3분

하야시 료 | 고바야시 마사히로 | 노경아

무엇이든 시작하지 않으면 현실을 바꿀 수 없다는 것을 깨닫고 회사 업무를 충실히 수행하면서 주식을 공부해야겠다고 결심했다. 물론 주식에 대한 지식도 경험도 전혀 없어 밑바닥에서부터 시작해야 했지만, 주식 강의를 듣고 성과를 내는 학생들도 많았으므로 좋은 자극을 받았다.

값 12,700원 | 사륙판(128x188) | 176쪽
ISBN978-89-6502-302-9 | 2021/4 발행